언플러그드+스크래치 주니어

발 행 일	2019년 10월 31일 (1판 1쇄)
개 정 일	2024년 10월 02일 (1판 9쇄)
I S B N	978-89-8455-985-1(13000)
정 가	12,000원

집 필	KIE 기획연구실
진 행	김동주
본문디자인	디자인앨리스

발 행 처	㈜아카데미소프트
발 행 인	유성천
주 소	경기도 파주시 정문로 588번길 24
홈 페 이 지	www.aso.co.kr / www.asotup.co.kr

※ 이 책은 저작권법에 따라 보호를 받는 저작물이므로 무단 전재와 무단 복제를 금지하며, 이 책 내용의 전부 또는 일부를 이용하려면 반드시 ㈜아카데미소프트의 서면동의를 받아야 합니다.

구성 — 이런 내용으로 구성되어 있어요

손으로 배우는 코딩(언플러그드)

컴퓨터가 아닌 손으로 직접 '만들고, 그리고, 적어보면서' 주어진 문제를 학생 스스로 해결할 수 있도록 구성하였습니다.

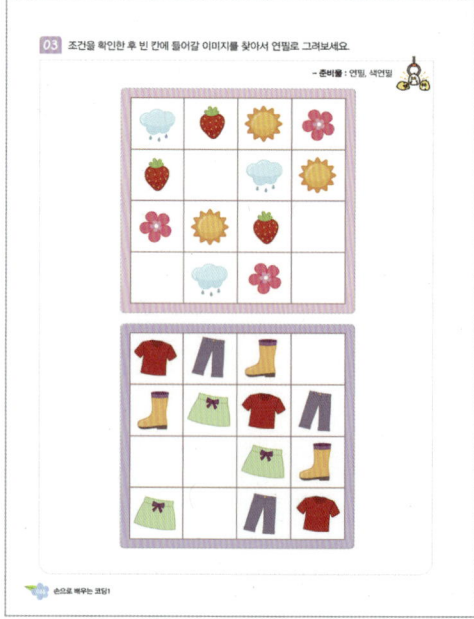

스크래치 주니어

스크래치 주니어는 코딩을 처음 배우는 친구들에게 매우 유익한 프로그램으로 명령블록의 개수가 적고 화면 구성이 간단하기 때문에 초보자도 쉽게 코딩을 할 수 있습니다.

목차 CONTENTS

CHAPTER 01 어린이 코딩 1일차 • 006
- 손으로 배우는 어린이 코딩 ········ 006
- 스크래치 주니어로 블록 코딩하기 ········ 009

CHAPTER 02 어린이 코딩 2일차 • 012
- 손으로 배우는 어린이 코딩 ········ 012
- 스크래치 주니어로 블록 코딩하기 ········ 015

CHAPTER 03 어린이 코딩 3일차 • 018
- 손으로 배우는 어린이 코딩 ········ 018
- 스크래치 주니어로 블록 코딩하기 ········ 021

CHAPTER 04 어린이 코딩 4일차 • 024
- 손으로 배우는 어린이 코딩 ········ 024
- 스크래치 주니어로 블록 코딩하기 ········ 027

CHAPTER 05 어린이 코딩 5일차 • 030
- 손으로 배우는 어린이 코딩 ········ 030
- 스크래치 주니어로 블록 코딩하기 ········ 033

CHAPTER 06 어린이 코딩 6일차 • 036
- 손으로 배우는 어린이 코딩 ········ 036
- 스크래치 주니어로 블록 코딩하기 ········ 039

CHAPTER 07 어린이 코딩 7일차 • 042
- 손으로 배우는 어린이 코딩 ········ 042
- 스크래치 주니어로 블록 코딩하기 ········ 045

CHAPTER 08 어린이 코딩 8일차 • 048
- 손으로 배우는 어린이 코딩 ········ 048
- 스크래치 주니어로 블록 코딩하기 ········ 051

CHAPTER 09 어린이 코딩 9일차 • 054
- 손으로 배우는 어린이 코딩 ········ 054
- 스크래치 주니어로 블록 코딩하기 ········ 057

CHAPTER 10 어린이 코딩 10일차 • 060
- 손으로 배우는 어린이 코딩 ········ 060
- 스크래치 주니어로 블록 코딩하기 ········ 063

CHAPTER 11 어린이 코딩 11일차 • 066
- 손으로 배우는 어린이 코딩 ········ 066
- 스크래치 주니어로 블록 코딩하기 ········ 069

CHAPTER 12 어린이 코딩 12일차 • 072
- 손으로 배우는 어린이 코딩 ········ 072
- 스크래치 주니어로 블록 코딩하기 ········ 075

CHAPTER 13	어린이 코딩 13일차	• 078
손으로 배우는 어린이 코딩	········	078
스크래치 주니어로 블록 코딩하기	········	081

CHAPTER 14	어린이 코딩 14일차	• 084
손으로 배우는 어린이 코딩	········	084
스크래치 주니어로 블록 코딩하기	········	087

CHAPTER 15	어린이 코딩 15일차	• 090
손으로 배우는 어린이 코딩	········	090
스크래치 주니어로 블록 코딩하기	········	093

CHAPTER 16	어린이 코딩 16일차	• 096
손으로 배우는 어린이 코딩	········	096
스크래치 주니어로 블록 코딩하기	········	099

CHAPTER 17	어린이 코딩 17일차	• 102
손으로 배우는 어린이 코딩	········	102
스크래치 주니어로 블록 코딩하기	········	105

CHAPTER 18	어린이 코딩 18일차	• 108
손으로 배우는 어린이 코딩	········	108
스크래치 주니어로 블록 코딩하기	········	111

CHAPTER 19	어린이 코딩 19일차	• 114
손으로 배우는 어린이 코딩	········	114
스크래치 주니어로 블록 코딩하기	········	117

CHAPTER 20	어린이 코딩 20일차	• 120
손으로 배우는 어린이 코딩	········	120
스크래치 주니어로 블록 코딩하기	········	123

CHAPTER 21	어린이 코딩 21일차	• 126
손으로 배우는 어린이 코딩	········	126
스크래치 주니어로 블록 코딩하기	········	129

CHAPTER 22	어린이 코딩 22일차	• 132
손으로 배우는 어린이 코딩	········	132
스크래치 주니어로 블록 코딩하기	········	135

CHAPTER 23	어린이 코딩 23일차	• 138
손으로 배우는 어린이 코딩	········	138
스크래치 주니어로 블록 코딩하기	········	141

CHAPTER 24	어린이 코딩 24일차	• 144
손으로 배우는 어린이 코딩	········	144
스크래치 주니어로 블록 코딩하기	········	147

CHAPTER 01 어린이 코딩 1일차

손으로 배우는 어린이 코딩

01 햄버거를 만드는 순서에 맞추어 색칠해 보세요.

– 준비물 : 색연필

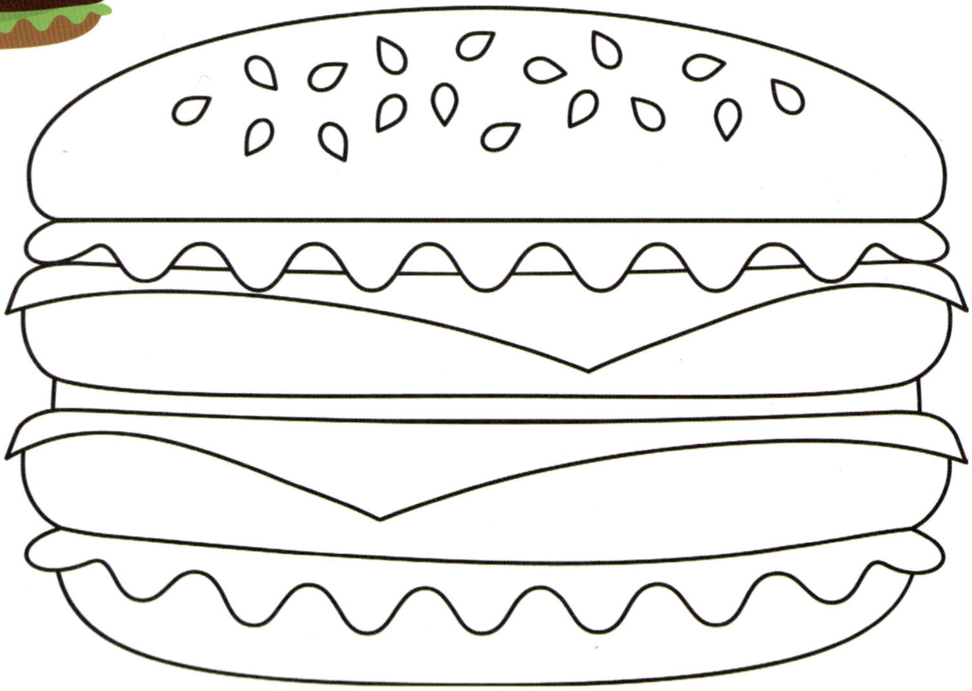

● 코딩 쏙쏙! ●

컴퓨터는 어떤 일을 처리할 때 순서에 맞추어 하나씩 처리해요. 예를 들어 컴퓨터에게 '배고파, 놀아줘, 보여줘'라고 작업을 지시하면 컴퓨터는 작업을 지시한 순서대로 결과를 처리하여 보여줘요. 조금은 어렵 겠지만 이것을 '순차구조'라고 해요. 자! 그러면 지금부터 순차구조에 가장 대표적인 음식인 햄버거를 예쁘게 색칠해 보세요. 단, 햄버거를 만드는 순서(순차구조)를 생각하면서 색칠하도록 해요!!

02 번호 순서대로 선을 연결한 후 색칠해 보세요.

– 준비물 : 연필, 색연필

03 자동차가 나무와 집, 신호등이 있는 도로를 어떤 순서로 지나가는지 살펴본 후 해당하는 이미지에 알파벳을 적어보세요.

− 준비물 : 연필

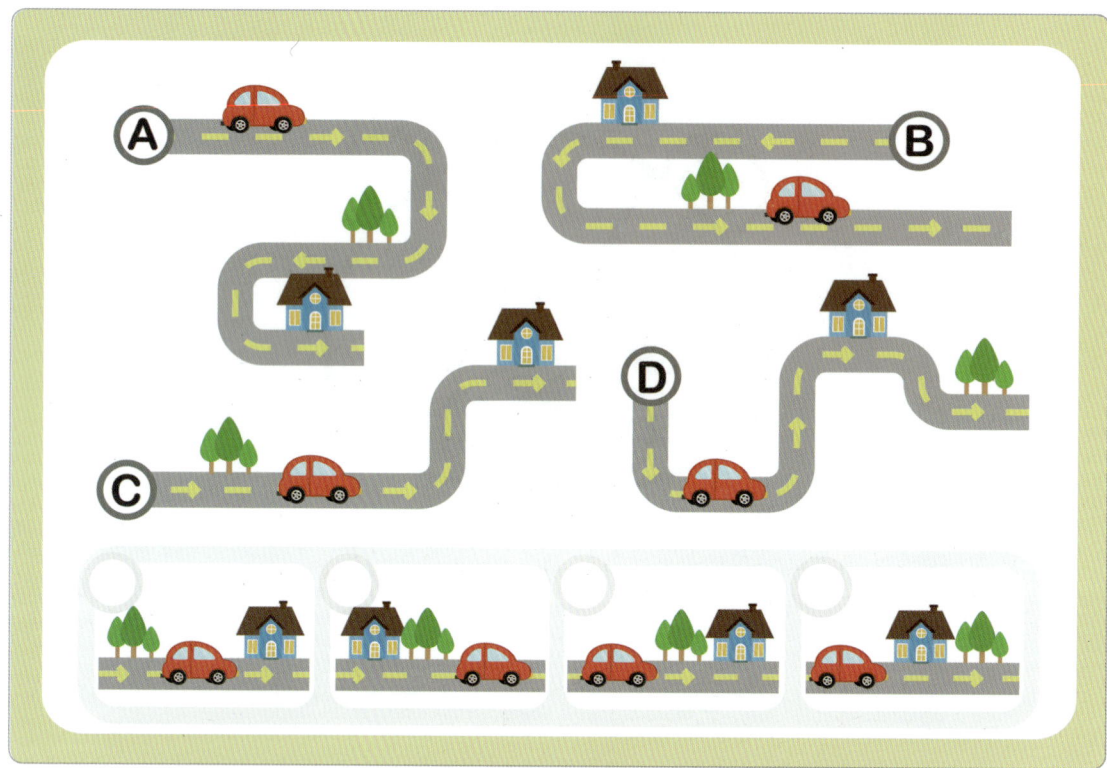

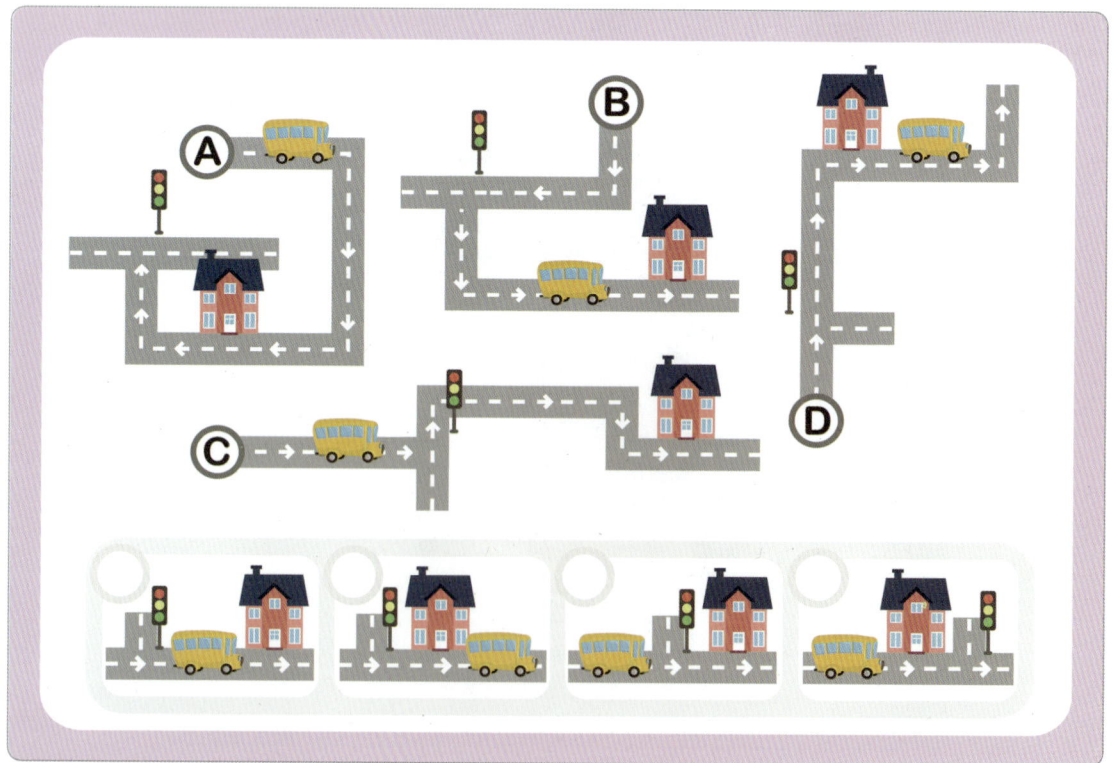

스크래치 주니어로 블록 코딩하기

01 스크래치 주니어란?

스크래치 주니어는 어린이들이 재미있는 스토리와 간단한 상황을 만들 수 있게 해주는 입문용 블록 프로그래밍 언어로서 코딩을 한다고 생각하기 보다는 본인이 만들고 싶은 것을 글로 표현하는 것처럼 생각을 정리하고 아이디어를 표현하는데 포인트가 있어요. 스크래치 주니어는 다른 블록 프로그래밍 언어(엔트리, 스크래치 등) 보다 명령블록의 개수가 적고 화면 구성이 간단하기 때문에 초보자도 쉽게 코딩을 할 수 있어요.

02 스크래치 주니어 실행 및 화면 구성

❶ 스크래치 주니어PC 버전을 설치한 후 바탕 화면의 **스크래치 주니어 아이콘()**을 더블클릭하세요.

❷ 스크래치 주니어가 실행되면 **홈 아이콘()**을 클릭하세요.

❸ My Projects 화면이 나오면 ➕ 을 클릭하세요.

03 스크래치 주니어의 화면 구성

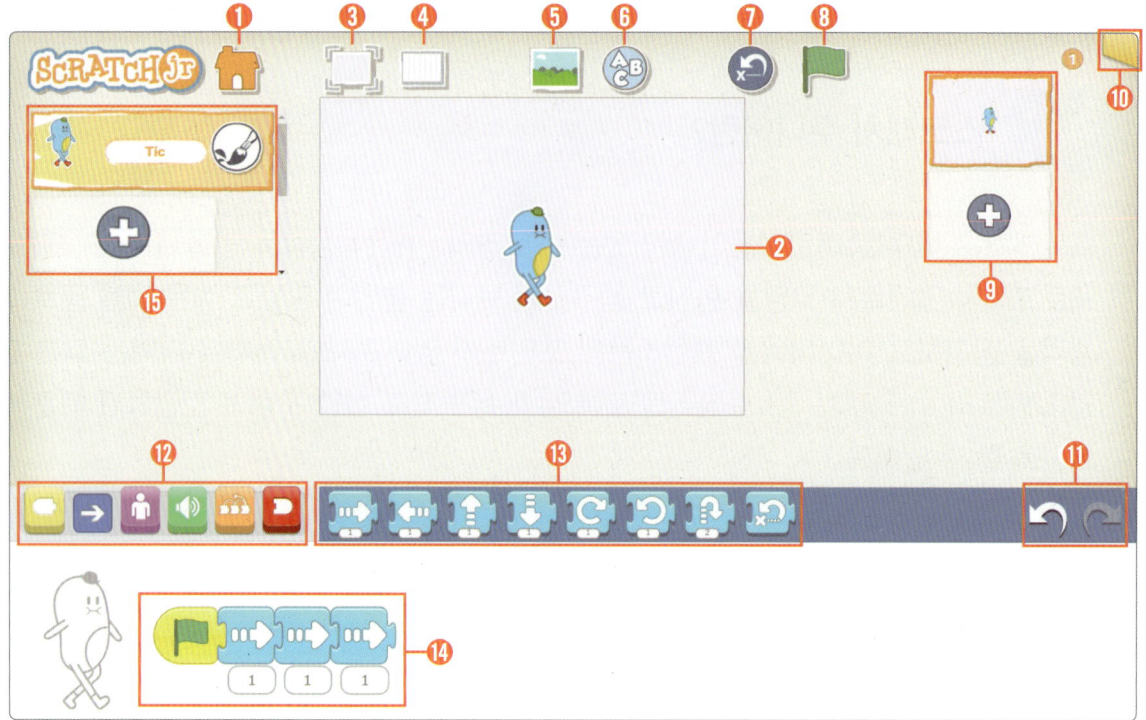

❶ **저장하기** : 현재 작업 중인 프로젝트를 저장한 후 My Projects 화면을 보여줘요.

❷ **무대** : 코딩 결과가 실행되는 곳이에요.

❸ **전체 화면** : 무대를 전체화면으로 보여줘요. 전체화면 상태에서 ▢을 클릭하면 **이전 화면 크기**로 변경돼요.

❹ **바둑판 보기** : 무대에 바둑판 모양을 표시하여 좌표 (X-Y) 값을 확인할 수 있어요.

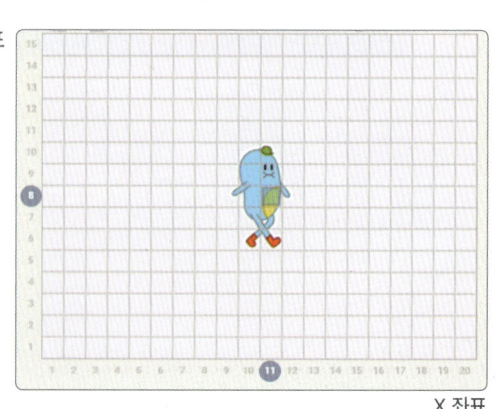

❺ **무대 배경 변경** : 무대에 여러 가지 배경을 넣을 수 있어요.

❻ **텍스트 추가하기** : 무대에 글자(글자 크기 및 색상 변경 가능)를 입력할 수 있어요.

❼ **처음 위치로** : 특정 작업 후 캐릭터의 위치를 처음 위치로 이동시킬 수 있어요.

❽ **초록색 깃발(실행)** : 여러분이 작성한 코딩 결과를 무대에서 볼 수 있도록 실행해줘요.

❾ **장면** : 장면을 선택, 추가(최대 4개), 삭제할 수 있어요.

❿ **프로젝트 이름** : 프로젝트의 이름을 확인 및 변경할 수 있어요.

▲ 장면

▲ 프로젝트 이름

⓫ **실행 취소 및 다시 실행** : 특정 작업을 취소하거나 다시 실행할 수 있어요.

⓬ **블록 꾸러미** : 코딩 작업에 필요한 6개의 블록 꾸러미예요.

⓭ **블록 팔레트** : 블록 꾸러미에서 선택한 블록을 활성화하여 코딩에 필요한 여러 개의 명령 블록들을 보여줘요.

⓮ **블록 코딩 영역** : 명령블록을 이용하여 실제 코딩 작업을 할 수 있는 공간으로 명령블록을 연결, 추가, 삭제할 수 있어요.

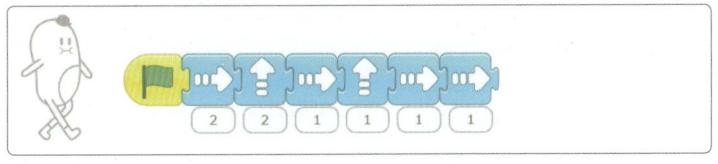

⓯ **캐릭터** : 캐릭터를 선택, 추가, 삭제할 수 있어요.

손으로 배우는 어린이 코딩

01 아래 그림 중에서 '여름'과 '바다'라는 조건에 만족하는 것들만 찾아서 색칠해 보세요.

– 준비물 : 색연필

● 코딩 쏙쏙! ●

이전 차시에서는 컴퓨터가 기본적으로 순서에 맞추어 일을 처리한다고 배웠어요. 하지만 순서대로 일을 처리하는 도중에 특별한 일이 발생하면 필요에 따라서 조건에 맞추어 일을 처리하는데 이것을 '선택구조' 라고 해요. 예를 들어 '배고파, 놀아줘, 보여줘'라고 작업을 지시했을 경우 '배고파'를 처리한 후 '놀아줘'로 넘어왔을 때 배부른 상태에 따라 '지금 당장 놀아줘'와 '1시간 후에 놀아줘'라는 조건을 컴퓨터에게 지정 할 수 있어요. 여러분은 컴퓨터가 언제 놀아줬으면 좋겠어요?

02 그림 오른쪽의 조건을 보고 만족하는 이미지들을 찾아보세요.

– 준비물 : 연필

- 조 건 -
가방에 들어가는 물건

- 조 건 -
한 쪽 눈만 보이는 고양이

03 오른쪽 그림과 똑같은 그림자를 찾아보세요. 그리고 나머지 그림자들은 오른쪽 그림과 어디가 다른지 생각해 보세요.

– 준비물 : 연필

스크래치 주니어로 블록 코딩하기

01 나만의 캐릭터 꾸미기

① 스크래치 주니어를 실행한 후 **홈 아이콘**( )을 클릭하세요. 이어서, My Projects 화면에서 ⊕를 클릭하세요.

② 스크래치 주니어가 실행되면 Tic 캐릭터 옆의 아이콘을 클릭하세요.

02 페인트 화면 화면 구성

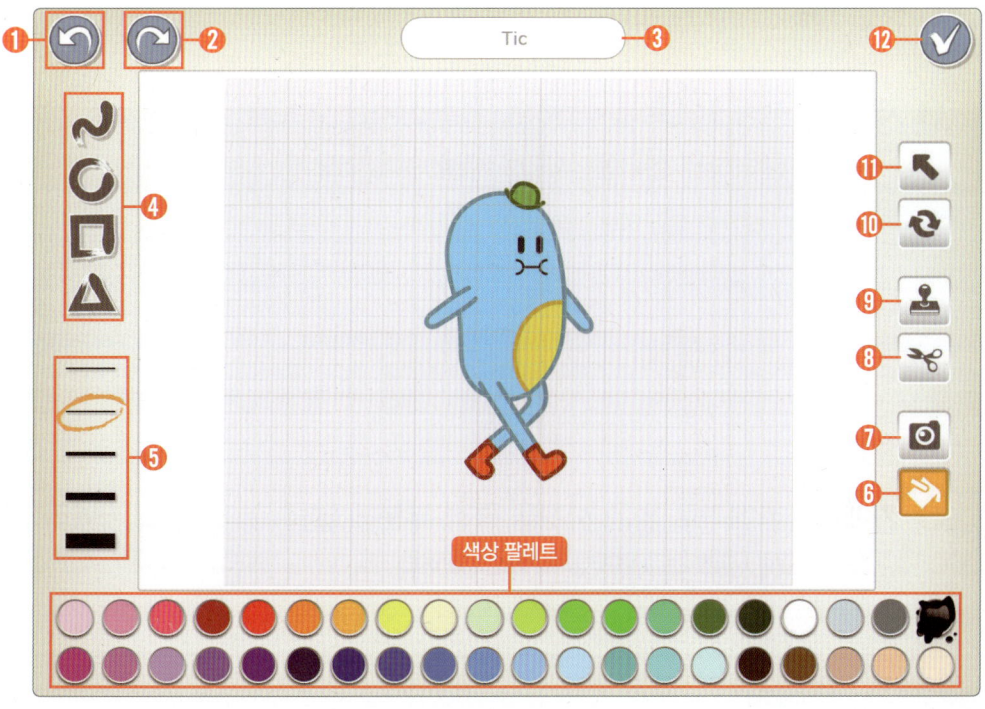

❶ **되돌리기** : 현재 작업을 취소하고 이전 작업으로 돌아갈 수 있어요.

❷ **다시 실행** : 이전 작업으로 되돌린 작업을 다시 실행할 수 있어요.

▲ ① 색 바꾸기 작업

▲ ② 되돌리기 결과

▲ ③ 다시 실행 결과

❸ 캐릭터의 이름을 변경할 수 있어요.

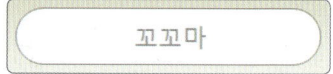

❹ **자유 선, 원(타원), 사각형, 삼각형** : 원하는 도형을 선택하여 캐릭터에 그릴 수 있어요.

❺ **선 두께** : 선의 두께를 변경하여 그릴 수 있어요.

❻ **채우기** : 색상 팔레트에서 원하는 색을 선택한 후 도형 및 캐릭터를 클릭하면 선택된 색으로 채울 수 있어요.

  ※ 색을 선택한 후 테두리를 클릭하면 테두리 색이 바뀌고, 면을 클릭하면 면 색이 바뀌어요.

❼ **카메라** : 카메라로 찍은 사진을 특정 부분에 넣을 수 있어요. 카메라 기능은 컴퓨터가 아닌 태블릿에서 주로 사용하는 기능이에요.

⑧ **삭제하기** : 특정 도형이나 캐릭터를 클릭하여 삭제할 수 있어요.

⑨ **복제하기** : 특정 도형이나 캐릭터를 클릭하여 복제할 수 있어요. 복제된 캐릭터 또는 도형은 원하는 위치로 드래그하여 위치를 변경할 수 있어요.

▲ 복제 전　　　　　　　　▲ 복제 후

⑩ **회전하기** : 특정 도형이나 캐릭터를 클릭한 채 마우스를 드래그하면 원하는 방향으로 회전시킬 수 있어요.

⑪ **이동하기** : 특정 도형이나 캐릭터를 드래그하여 원하는 위치로 이동시킬 수 있어요.

▲ 캐릭터 회전　　　　　　　　▲ 캐릭터 이동

⑫ **저장하기** : 변경사항을 저장한 후 무대에 적용시켜요.

손으로 배우는 어린이 코딩

01 주사위를 던져서 나오는 숫자(1~6)에 맞추어 '눈, 코, 입, 귀'를 그려보세요. 랜덤으로 나오는 숫자를 조합한 얼굴은 과연 어떤 모습일까요?

– 준비물 : 주사위, 연필, 색연필

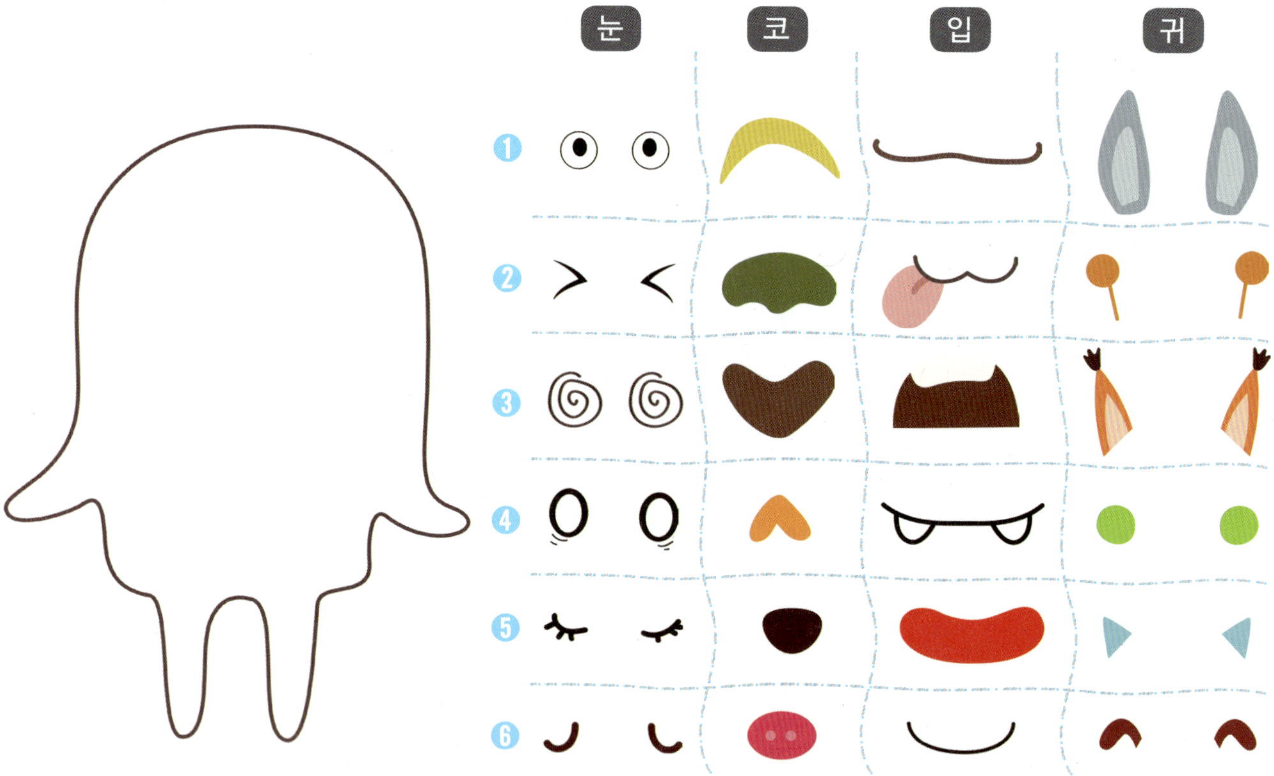

● 코딩 쏙쏙! ●

컴퓨터는 어떤 일을 할 때 랜덤(무작위)으로 처리하는 경우가 있어요. 랜덤이라는 단어가 어렵기 때문에 쉽게 풀어볼게요. 여러분이 주사위를 던졌을 때 나올 수 있는 숫자는 총 6개(1, 2, 3, 4, 5, 6)이지만 어떤 숫자가 나올지는 아무도 모르죠? 정해져 있는 않은 순서! 이것이 바로 랜덤의 개념이에요.

02 순서에 상관없이 이미지 속에 숨어 있는 그림들을 찾아보세요.

– 준비물 : 연필

숨은 그림 찾기 : 시계, 나무사다리, 비치볼, 책, 불가사리, 바이올린, 탬버린, 선글라스

숨은 그림 찾기 : 망원경, 원숭이, 꽃게, 나무의자, 모자, 돌덩이, 삐에로, 구명조끼

03 순서에 상관없이 ★▲■●에 들어갈 이미지 찾아서 기호를 적어보세요.

– 준비물 : 연필

스크래치 주니어로 블록 코딩하기

01 캐릭터를 추가한 후 색상 변경하기

① 스크래치 주니어를 실행한 후 **홈 아이콘(🏠)**을 클릭하세요. 이어서, My Projects 화면에서 ➕를 클릭하세요.

② 스크래치 주니어가 실행되면 **캐릭터 추가** ➕를 클릭하여 원하는 캐릭터를 추가하세요.

※ 교재는 'Toc' 캐릭터를 선택하여 추가하였지만 원하는 캐릭터가 있다면 해당 캐릭터를 선택하여 추가하세요.

③ 캐릭터가 추가되면 무대에서 'Toc' 캐릭터를 오른쪽으로 드래그하여 위치를 변경한 후 🎨를 클릭하여 예쁘게 색상을 변경해 보세요.

※ 색상 변경은 색상 팔레트에서 원하는 색을 선택한 후 캐릭터의 특정 부분을 클릭하세요.

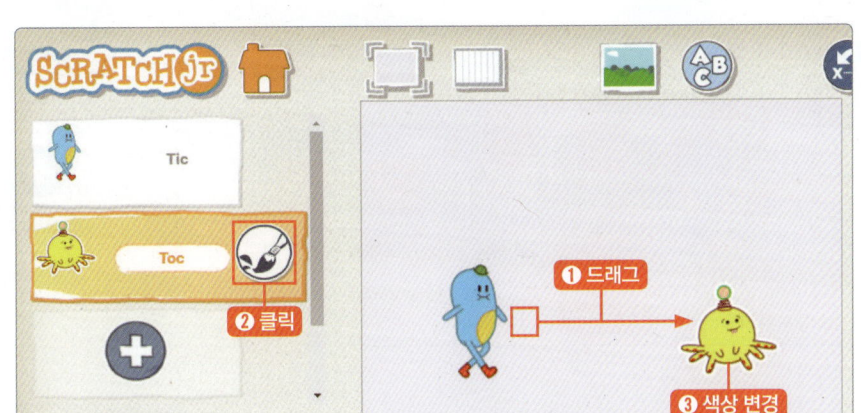

02 장면을 추가한 후 배경넣기

❶ **장면 추가**(➕)를 클릭하세요. 이어서, **배경 변경**(🖼)을 클릭하여 원하는 배경을 넣어보세요.

  ※ 장면은 최대 4개까지 추가할 수 있어요.
  ※ 배경 선택 화면에서 원하는 배경을 더블클릭해도 배경이 추가돼요.

▲ 장면 추가

▲ 배경 선택

❷ 새로운 장면에 배경이 추가되면 원하는 캐릭터를 추가하세요. 이어서, 무대의 캐릭터들의 위치를 마우스로 드래그하여 이동시켜 보세요.

  ※ 캐릭터 선택 화면에서 원하는 캐릭터를 더블클릭해도 캐릭터가 추가돼요.

▲ 장면 2

03 장면 및 캐릭터 삭제하기

❶ 마우스 왼쪽 버튼으로 삭제할 2번째 장면을 **2초정도** 누르세요. 2번째 장면이 좌우로 움직이면서 **빨간색 단추(❌)**가 나오면 해당 단추를 눌러 장면을 삭제하세요.

❷ 2번째 장면이 삭제되면 왼쪽의 'Toc' 캐릭터도 똑같은 방법으로 삭제하세요.

❸ 모든 작업이 끝나면 해당 내용을 저장하기 위하여 **저장하기(🏠)**를 클릭하세요.

❹ 자동으로 저장된 **project1**을 클릭하면 해당 작업을 확인 및 수정할 수 있으며, 해당 프로젝트를 마우스 왼쪽 버튼으로 2초정도 누르면 삭제할 수 있어요.

▲ 삭제

CHAPTER 04 어린이 코딩 4일차

손으로 배우는 어린이 코딩

01 카드 뒤집기(기억력) 놀이

- 준비물 : 가위   - 인원 : 2명 또는 혼자

카드 뒤집기 놀이는 '같은 색상' 또는 '같은 모양'의 카드를 찾는 게임으로 기억력과 집중력을 향상시킬 수 있어요. 카드 뒤집기 놀이는 기본 두 명이서 함께 할 수 있지만 상황에 따라서 혼자서도 할 수 있어요.

카드 뒤집기 놀이를 하기 위해서는 먼저 뒤쪽 [부록 CHAPTER 04]의 카드 모양을 가위로 오리세요.(가위로 오릴 때는 손을 다치지 않도록 조심하세요.^^) 가위로 오려낸 18장의 카드는 색상과 모양이 보이지 않도록 뒷면이 위로 오도록 정리하세요.

같은 색상의 카드 찾기 게임 방법

① 18장의 카드를 섞어서 뒷면이 보이도록 아래 그림처럼 배치하세요.
② 한 개의 카드를 뒤집어 색상(예 : 파랑)을 확인한 후 다른 한 개의 카드를 뒤집으세요.
③ 만약 2개의 카드 색상이 같으면 2개의 카드를 가져간 후 다시 똑같은 색상의 카드를 찾습니다.
   – 같은 색상의 카드를 찾으면 한 번 더 뒤집을 수 있어요.
④ 색상이 같지 않을 경우 카드를 원래 상태로 뒤집어 놓고 해당 위치의 색상을 머릿속에 기억해 두었다가 다음 순서 때 똑같은 색상의 카드를 찾아보세요.
⑤ 카드를 많이 가져가는 사람이 승리하는 게임이에요.

같은 모양의 카드 찾기 게임 방법

① 18장의 카드를 섞어서 뒷면이 보이도록 아래 그림처럼 배치하세요.
② 한 개의 카드를 뒤집어 모양을 확인한 후 다른 한 개의 카드를 뒤집으세요.
③ 만약 2개의 카드 모양이 같으면 2개의 카드를 가져간 후 다시 똑같은 모양의 카드를 찾습니다.
   – 같은 모양의 카드를 찾으면 한 번 더 뒤집을 수 있어요.
④ 모양이 같지 않을 경우 카드를 원래 상태로 뒤집어 놓고 해당 위치의 모양을 머릿속에 기억해 두었다가 다음 순서 때 똑같은 모양의 카드를 찾아보세요.
⑤ 카드를 많이 가져가는 사람이 승리하는 게임이에요.

02 왼쪽의 모양을 머릿속에 기억한 후 오른쪽에 들어갈 모양을 찾아보세요.

※ 힌트 : 가운데 점선을 기준으로 종이를 접었을 때 똑같은 모양끼리 겹쳐야 해요.　　－ 준비물 : 연필

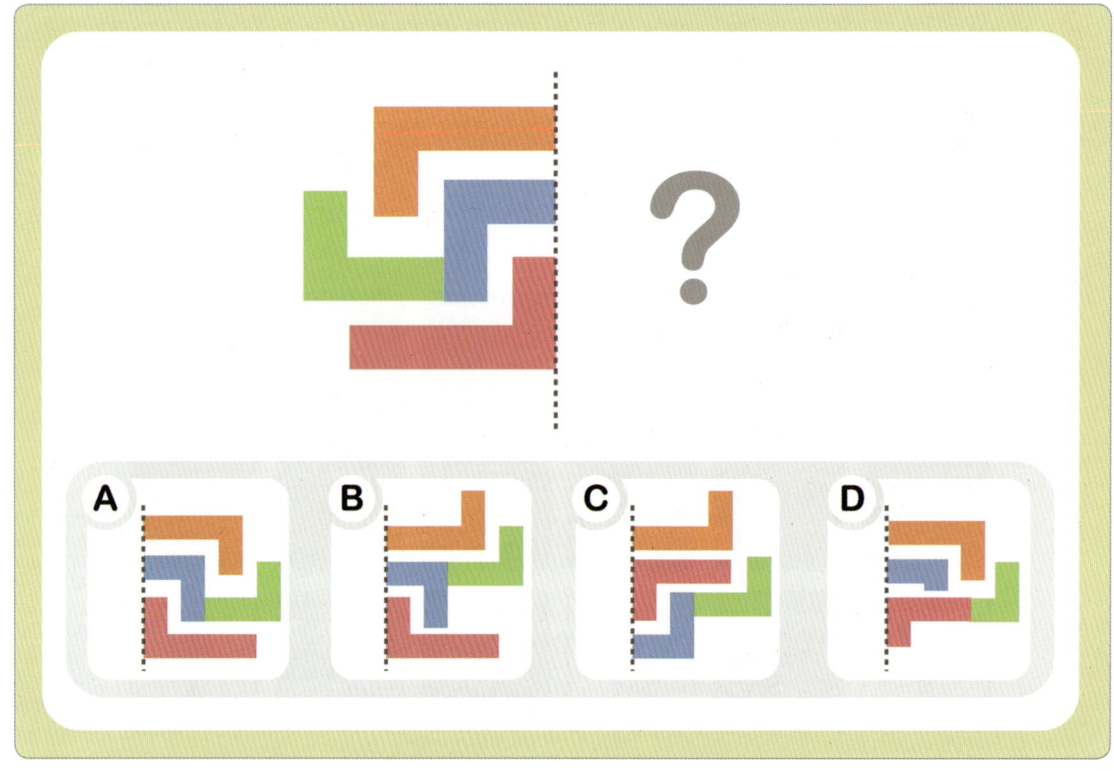

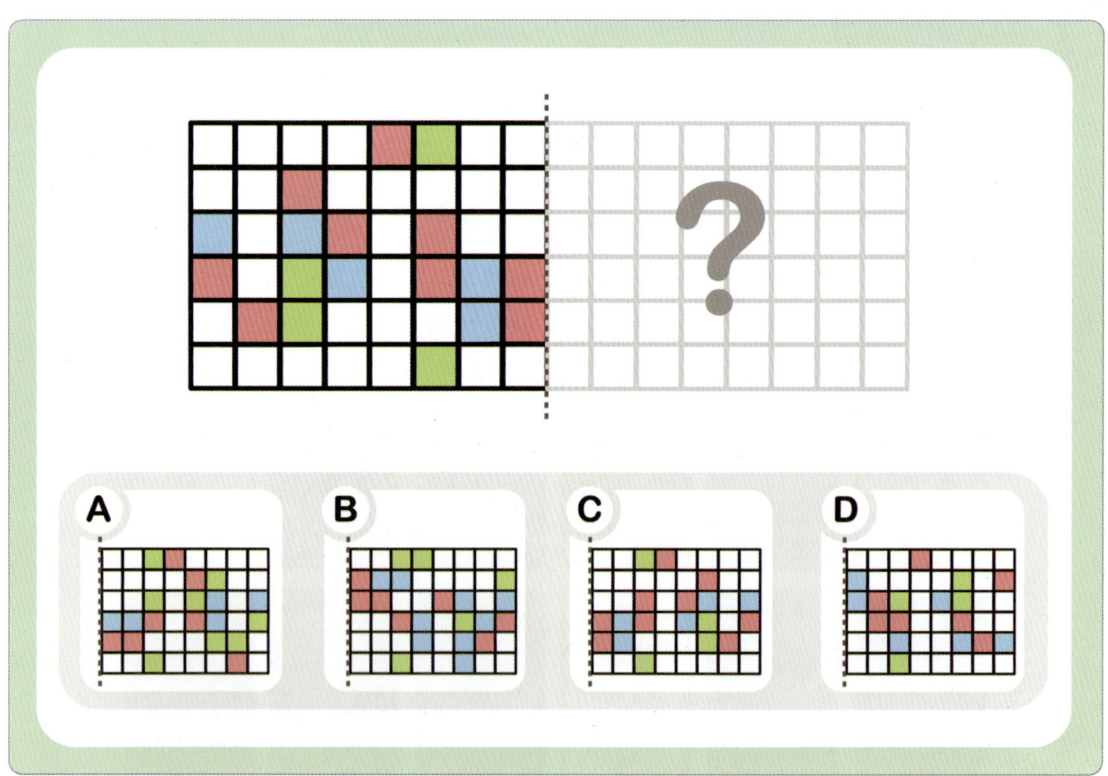

스크래치 주니어로 블록 코딩하기

01 이벤트 블록(🟡)의 🚩 명령블록을 이용하여 코딩하기

❶ 스크래치 주니어를 실행한 후 **홈 아이콘(🏠)**을 클릭하세요. 이어서, My Projects 화면에서 ➕를 클릭하세요.

❷ 스크래치 주니어가 실행되면 블록 꾸러미에서 **이벤트 블록(🟡)**을 클릭하세요.

❸ 이벤트 블록이 활성화되면 🚩 명령블록을 **블록 코딩 영역**으로 끌어다 놓으세요.

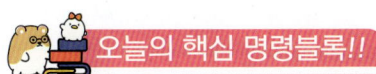

🚩 : 무대 위의 초록색 깃발(🚩)을 클릭하면 🚩에 연결된 명령블록들을 실행해요.

❹ 블록 꾸러미에서 **동작 블록 (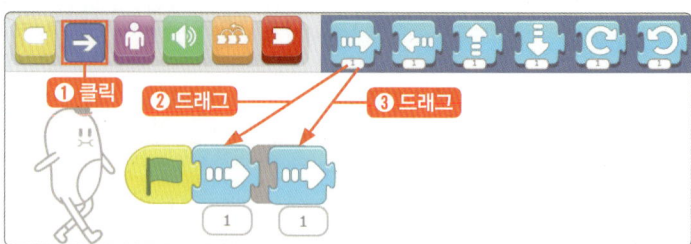)**을 클릭하세요. 이어서, 명령블록을 오른쪽에 연결한 후 다시 1개를 더 연결하세요.

※ 동작 블록(→)에 대한 자세한 설명은 7일차에서 학습하기 때문에 어떤 종류의 명령블록들이 있는지만 기억해 두세요.

❺ 코딩 작업이 끝나면 무대 위에 있는 **초록색 깃발( )**을 클릭하여 무대의 'Tic' 캐릭터가 오른쪽으로 이동하는지 확인하세요.

TIP 명령블록 분리 및 삭제

① **명령블록 분리** : 분리시킬 명령블록을 오른쪽으로 드래그하세요.

 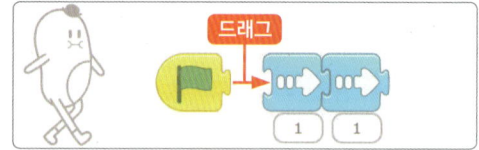

② **명령블록 삭제** : 삭제할 명령블록을 블록 코딩 영역 위쪽으로 드래그하세요.

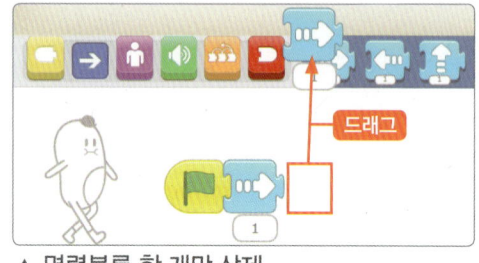 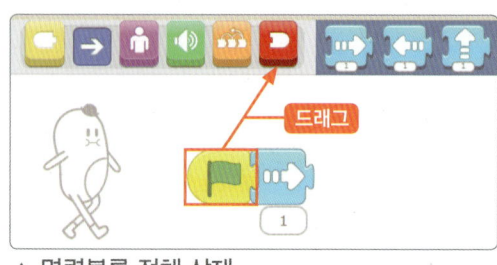

▲ 명령블록 한 개만 삭제 　　　　　　▲ 명령블록 전체 삭제

02 이벤트 블록( )의 명령블록을 이용하여 코딩하기

❶ 블록 코딩 영역에 작성된 명령블록을 모두 삭제하세요.

   ※ 전체 명령블록을 삭제하기 위해서는 부분을 드래그해야 해요.

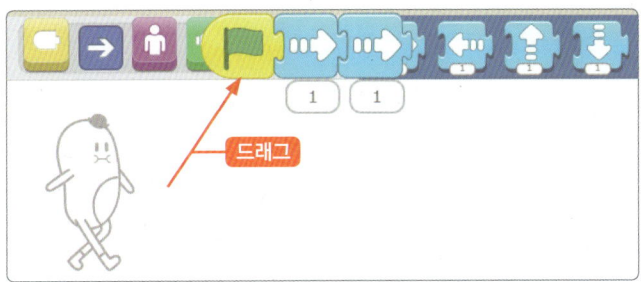

❷ 블록 꾸러미에서 **이벤트 블록( )**을 클릭하세요. 이어서, 명령블록을 **블록 코딩 영역**으로 끌어다 놓으세요.

> **오늘의 핵심 명령블록!!**
>
> : 무대에서 캐릭터를 클릭하면 블록 코딩 영역에 코딩된 명령블록을 실행해요.

❸ 블록 꾸러미에서 **동작 블록( )**을 클릭하세요. 이어서, 명령블록을 오른쪽에 연결한 후 다시 1개를 더 연결하세요.

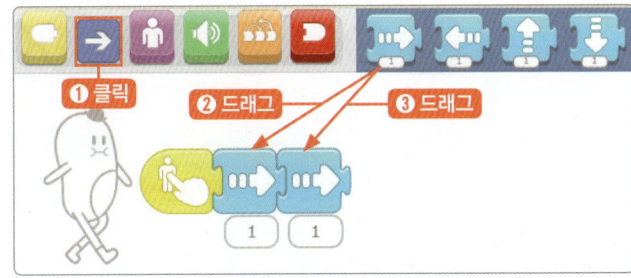

❹ 코딩 작업이 끝나면 무대에 있는 'Tic' 캐릭터를 마우스로 클릭하여 오른쪽으로 이동하는지 확인하세요.

어린이 코딩 4일차 029

손으로 배우는 어린이 코딩

01 아래 패턴을 관찰하여 색칠해 보세요.

- 준비물 : 색연필

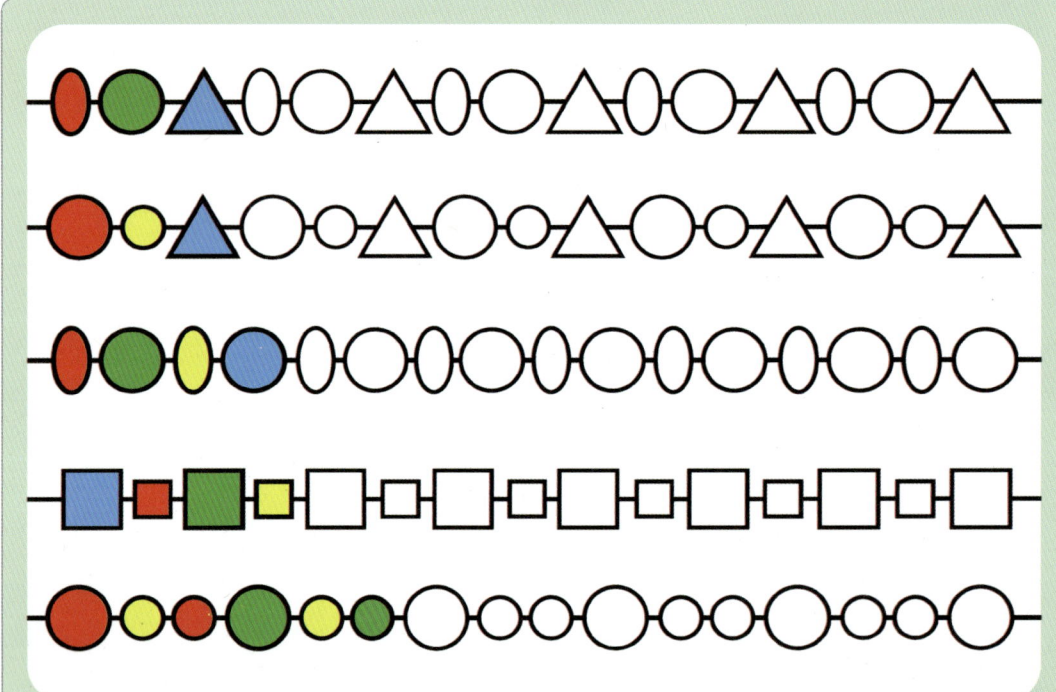

● 코딩 쏙쏙!

컴퓨터가 어떤 일을 처리할 때 패턴이라는 것을 사용하면 좀 더 편리하게 작업을 할 수 있어요. 패턴이라는 단어를 쉽게 풀어보면 일정한 규칙을 가진 숫자 또는 글자 등을 말해요. 예를 들어 '1, 3, 5, 7, 9, 11, 13, 15, 17, 19' 숫자가 있다면 첫 번째 숫자에 '2'를 더하면 두 번째 숫자가 되고, 두 번째 숫자에 또 다시 '2'를 더하면 세 번째 숫자가 되는 게 보이나요. 이렇듯 앞의 숫자에 '2'를 더하면 그 다음의 숫자를 알 수 있도록 일정한 패턴을 가지고 있네요. 자! 그럼 위 숫자 패턴에서 '19' 다음에는 어떤 숫자가 나올까요?

02 아래 이미지를 확인한 후 물음표(?)에 들어갈 패턴을 찾아보세요.

– 준비물 : 연필

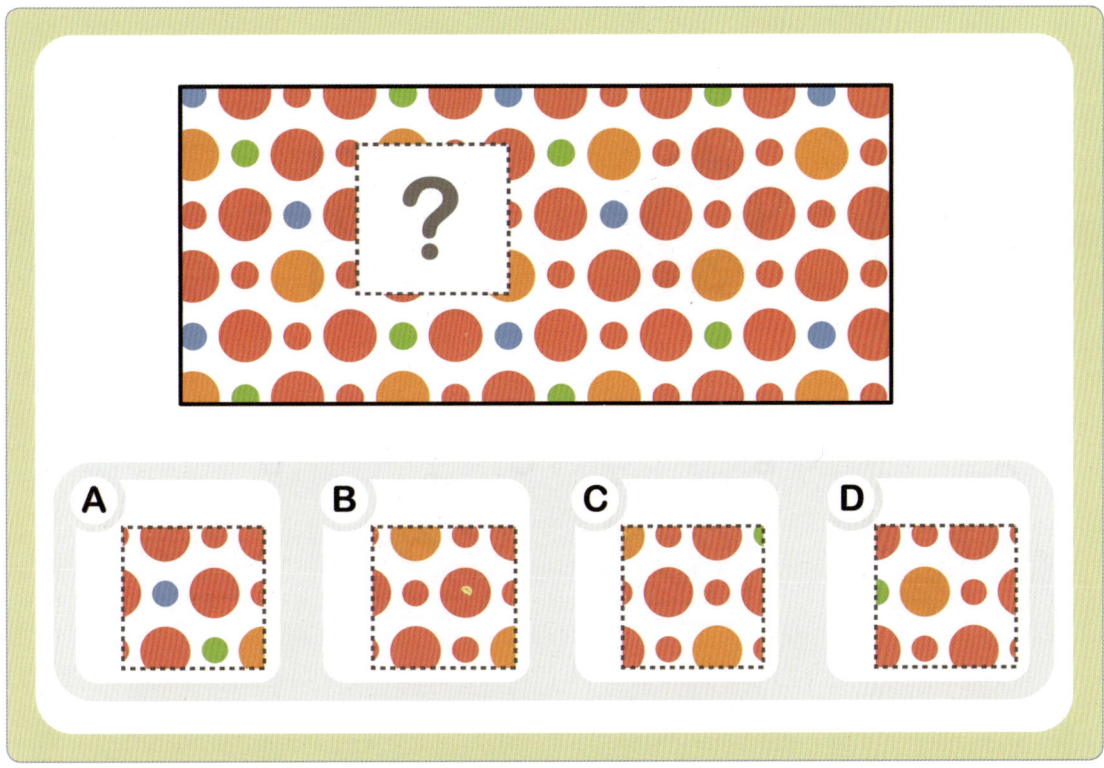

03 아래 이미지의 도형들을 관찰한 후 물음표(?)에 들어갈 도형을 찾아보세요.

– 준비물 : 연필

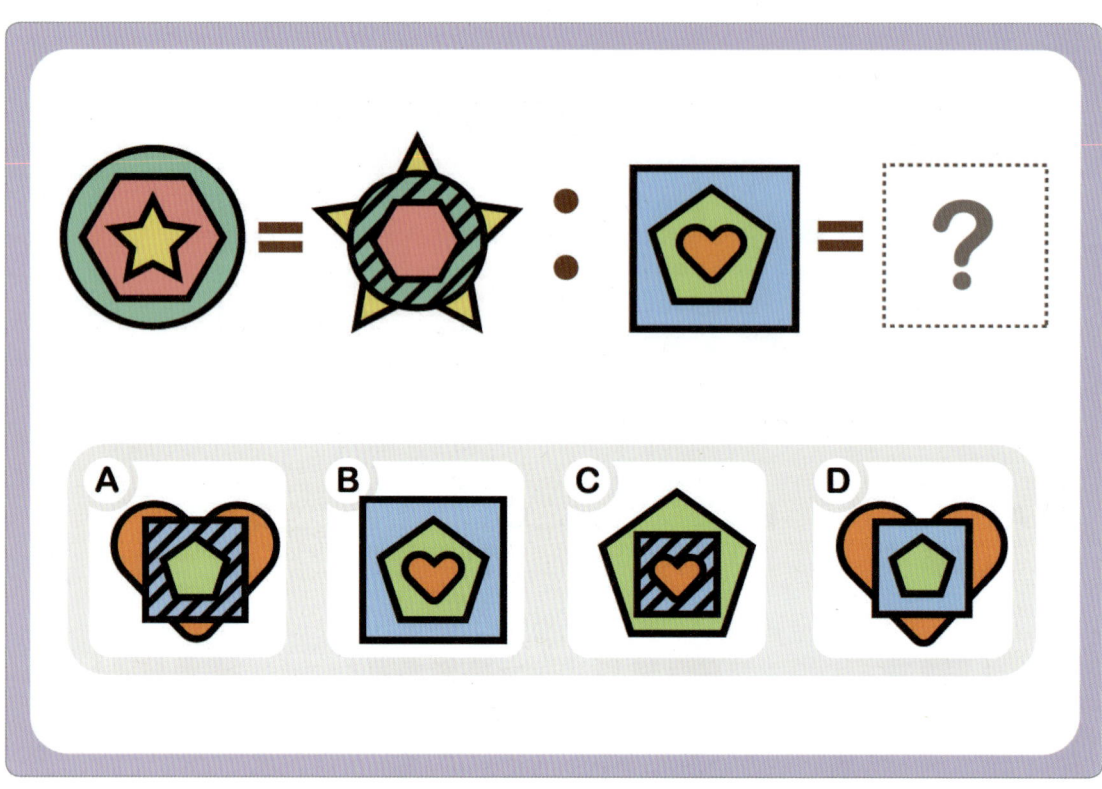

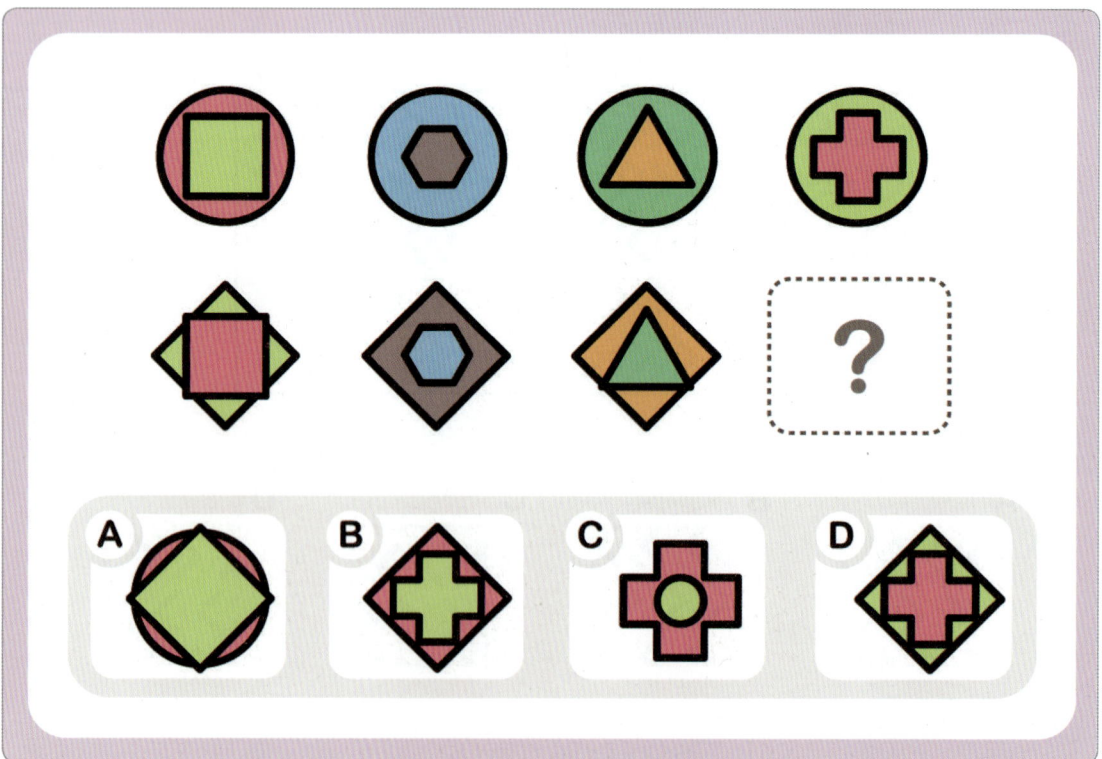

스크래치 주니어로 블록 코딩하기

01 이벤트 블록( )의  명령블록을 이용하여 코딩하기

❶ 스크래치 주니어를 실행한 후 새로운 **캐릭터(Tac)를 추가**하세요. 이어서, 무대에 새롭게 추가된 캐릭터의 위치를 아래 그림처럼 마우스로 드래그하여 이동시키세요.

❷ 'Tac' 캐릭터 옆의 아이콘을 클릭하세요. 캐릭터의 이름을 **귀염둥이**로 변경한 후 원하는 색으로 색상을 변경해 보세요.

　※ 색상 변경은 색상 팔레트에서 원하는 색을 선택한 후 캐릭터의 특정 부분을 클릭하세요.

어린이 코딩 5일차　033

❸ 귀염둥이가 선택된 상태에서 블록 꾸러미의 **이벤트 블록( )**을 클릭하세요. 이어서, 명령 블록을 **블록 코딩 영역**으로 끌어다 놓으세요.

> 오늘의 핵심 명령블록!!
>
> : 무대에서 캐릭터가 다른 캐릭터와 부딪치면 블록 코딩 영역에 코딩된 명령블록을 실행해요.

❹ 블록 꾸러미에서 **동작 블록( )**을 클릭하세요. 이어서, 명령블록을 에 연결하세요.

　※ 동작 블록( )에 대한 자세한 설명은 7일차에서 학습하기 때문에 어떤 종류의 명령블록들이 있는지만 기억해 두세요.

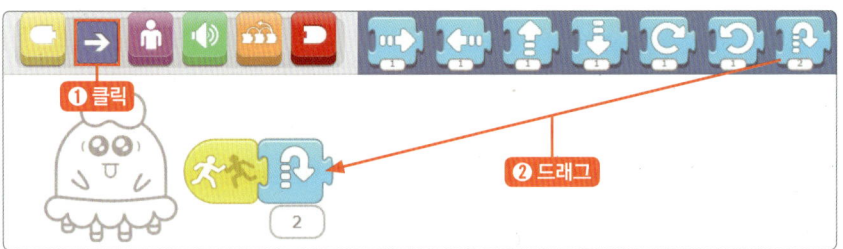

❺ 'Tic' **캐릭터를 선택**한 후 블록 코딩 영역에 아래 그림처럼 코딩하세요.

　※ 이벤트 블록( )을 클릭한 후 명령블록을 코딩 영역으로 드래그하세요.

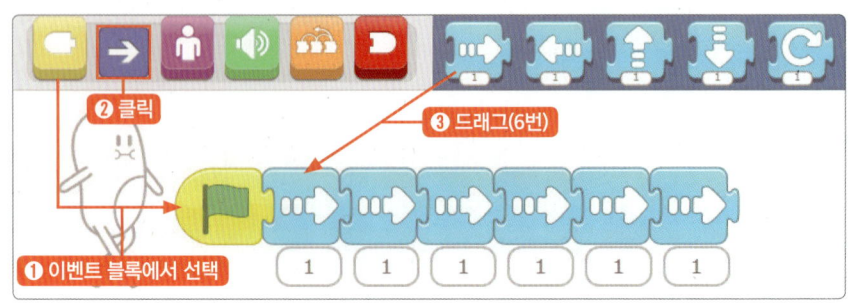

❻ 'Tic' 캐릭터 옆의 를 클릭한 후 캐릭터 이름을 **파랑소시지**로 변경하세요.

❼ 캐릭터 이름 변경 및 코딩 작업이 끝나면 무대 위에 있는 **초록색 깃발(🏁)**을 클릭하세요. '파랑소시지' 캐릭터가 오른쪽으로 이동하다가 '귀염둥이' 캐릭터에 닿으면 '귀염둥이' 캐릭터가 점프를 하는지 확인하세요.

   ※ 계속되는 점프를 정지시키려면 🛑 또는 ↩️를 클릭하세요.

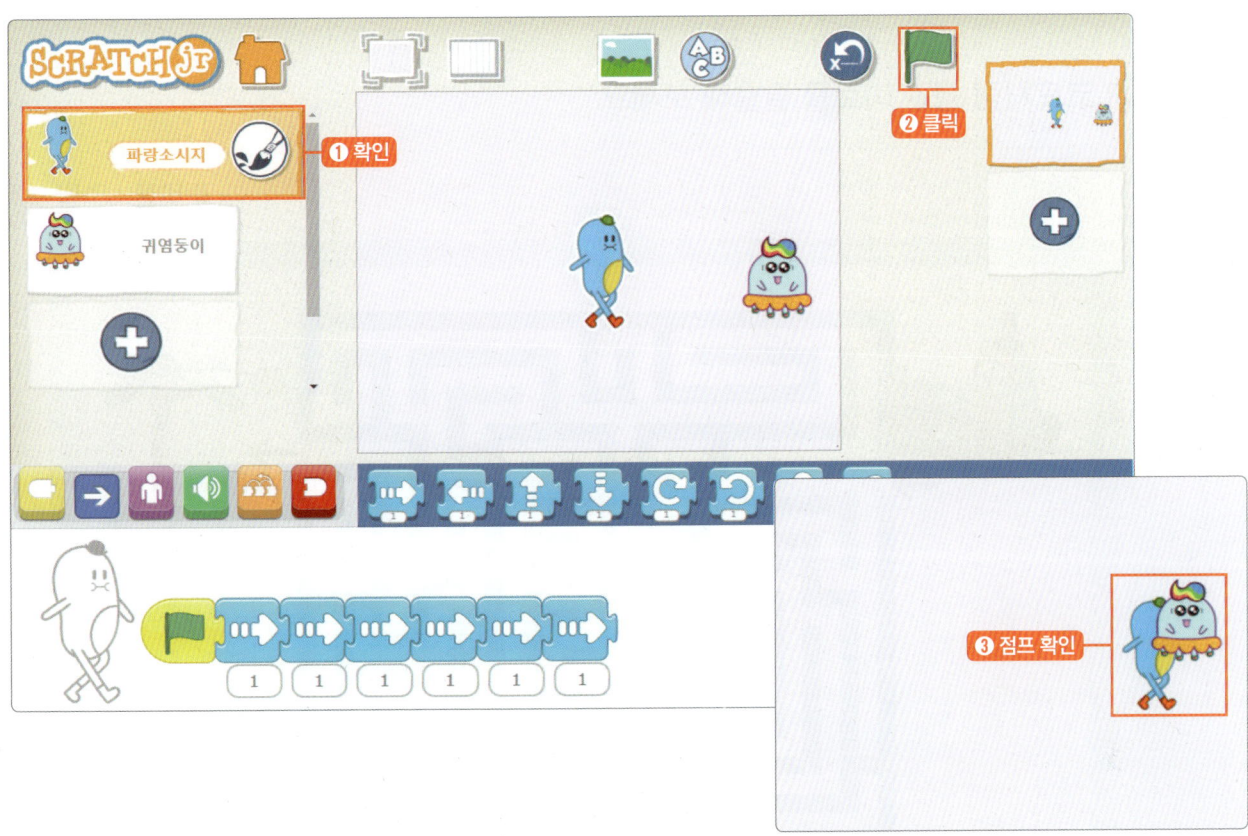

❽ 결과 확인이 끝나면 🏠 버튼을 눌러 프로젝트를 저장하세요.

   ※ 저장된 'Project 1'을 클릭하면 코딩된 내용을 확인하거나 수정할 수 있어요.

손으로 배우는 어린이 코딩

01 QR 코드처럼 생긴 미로를 탈출해 보세요.

- 준비물 : 연필

● 코딩 쏙쏙! ●

QR코드는 하얀색과 검정색으로 만들어진 체크무늬 패턴으로 정보를 나타내며, 크기가 작아도 많은 숫자와 글자를 저장할 수 있기 때문에 한국, 영국, 미국 등에서 많이 사용하고 있어요. QR코드의 정보를 읽을 때는 스마트폰에서 앱을 실행시킨 후 카메라로 찍으면 해당 QR코드에 저장된 정보를 확인할 수 있어요. 이처럼 우리 생활 속에는 컴퓨터가 아주 밀접하게 연결되어 있기 때문에 컴퓨터 공부도 열심히 해야 한답니다.^^

02 아래 2개의 이미지를 비교하여 틀린 그림 8개를 찾아보세요.

- 준비물 : 연필

03 번호에 맞는 색상으로 예쁘게 색칠해 보세요. 과연 어떤 그림이 완성될까요?

– 준비물 : 색연필

스크래치 주니어로 블록 코딩하기

 이벤트 블록(⬜)의 📨 명령블록을 이용하여 코딩하기

❶ 스크래치 주니어를 실행한 후 새로운 캐릭터(Frog)를 추가하세요. 이어서, 무대의 'Tic'과 'Frog' 캐릭터의 위치를 아래 그림처럼 마우스로 드래그하여 이동시키세요.

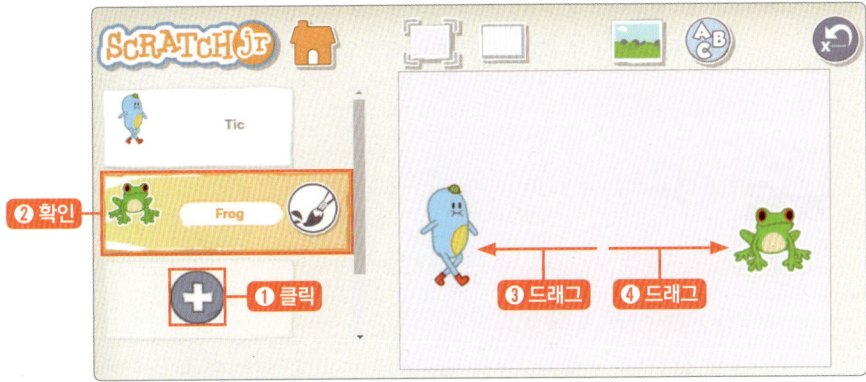

❷ 'Tic' 캐릭터를 **선택**한 후 블록 꾸러미에서 **이벤트 블록(⬜)**을 클릭하세요. 이어서, 🚩 명령블록을 블록 코딩 영역으로 끌어다 놓으세요.

❸ 블록 꾸러미에서 **모양블록(👤)**을 클릭하세요. 이어서, 💬 명령블록을 🚩에 연결하세요.

※ 모양블록(👤)에 대한 자세한 설명은 11일차에서 학습하기 때문에 어떤 종류의 명령블록들이 있는지만 기억해 두세요.

❹ 💬 명령블록의 hi를 더블클릭한 후 **개구리야 점프!**로 수정하세요.

※ 'hi'를 클릭한 후 입력 창이 활성화 되었을 때 'hi'를 더블클릭하여 내용을 수정할 수도 있어요.

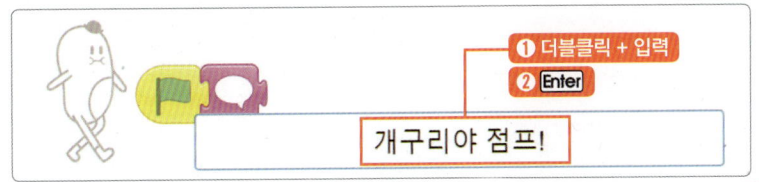

어린이 코딩 6일차 **039**

❺ 블록 꾸러미에서 **이벤트 블록**()을 클릭하세요. 이어서, 명령블록을 에 연결하세요.

오늘의 핵심 명령블록!!

 : 6개의 색상 중 한 개를 선택하여 특정 캐릭터로 색상 메시지를 보낼 수 있어요.

TIP 색상 선택

① 을 클릭하면 6개의 색상이 펼쳐지며 원하는 색상을 선택하여 특정 캐릭터 또는 자신에게 메시지를 보낼 수 있어요.
② 특정 색상(예 : 주황, 빨강, 파랑 등)으로 메시지를 보내면 반드시 같은 색상의 메시지로 받아서 특정 작업을 코딩해야 실행할 수 있어요.

02 이벤트 블록()의 명령블록을 이용하여 코딩하기

❶ 'Frog' **캐릭터를 선택**한 후 블록 꾸러미에서 **이벤트 블록**()을 클릭하세요. 이어서, 명령블록을 블록 코딩 영역으로 끌어다 놓으세요.

오늘의 핵심 명령블록!!

 : 주황색 메시지를 보내면 주황색 메시지로 받아서 특정 작업을 할 수 있어요.

❷ 블록 꾸러미에서 **동작 블록(→)**을 클릭하세요. 이어서, 명령블록을 에 연결하세요.

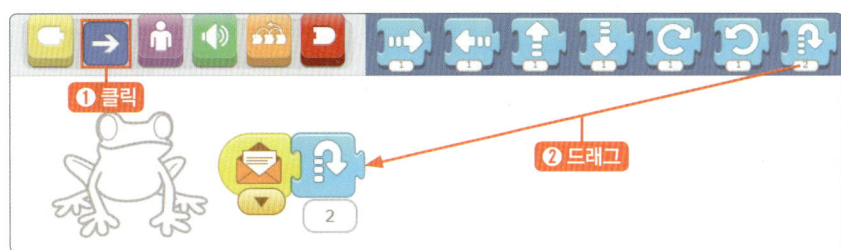

❸ 코딩 작업이 끝나면 무대 위에 있는 **초록색 깃발( )**을 클릭하세요. 'Tic' 캐릭터가 '개구리야 점프!' 라고 말을 하면, 'Frog' 캐릭터가 점프를 하는지 확인하세요.

❹ 화면 우측 상단에 **프로젝트 이름( )**을 클릭하세요. 프로젝트 이름을 여러분 이름(홍길동-1)으로 저장하세요.

TIP 스크래치 주니어 파일 저장

① 스크래치 주니어는 원래 태블릿에서 사용하는 코딩 프로그램이었지만 외국의 개발자가 컴퓨터에서도 사용할 수 있도록 프로그램을 수정하여 배포했어요. 그런데 스크래치 주니어 PC 버전은 태블릿 환경을 따라가다 보니 본인이 작업한 파일의 이름을 변경하여 개인별로 저장할 수 없다는 단점이 있어요.

② 만약, 저장된 파일을 개인별로 관리하고자 한다면 [문서]-[ScratchJR] 폴더에서 'scratchjr.sqllite' 파일을 복사하여 특정 폴더를 만들어 개인별로 저장해 두었다가 필요할 때마다 [문서]-[ScratchJR] 폴더에 'scratchjr.sqllite' 파일을 붙여 넣으면 본인이 이전에 작업했던 프로젝트를 불러와 사용할 수 있어요.

③ 스크래치 주니어에서 저장되는 파일명은 'scratchjr.sqllite' 하나이기 때문에 한 대의 컴퓨터에 여러 사람이 스크래치 주니어를 사용할 경우 다른 사람이 작업한 프로젝트가 보여요.

CHAPTER 07 어린이 코딩 7일차

손으로 배우는 어린이 코딩

01 진열대에 있는 물건들을 이용하여 카트를 채워보세요.

– 준비물 : 연필

● '카트를 채워라' 미션 수행!! ●

① 엄마가 주신 15,000원으로 야채만 5,000원어치 구매해 보세요.
구매 목록 적기 :

② 야채를 사고 남은 돈에서 3,800원이 남도록 물건을 구매해 보세요.
(단, 야채는 더 이상 구매하지 않습니다.)
구매 목록 적기 :

02 아래 이미지를 참고하여 도형(▲, ●, ■, ■)의 개수를 맞춰본 후 전체 도형의 개수를 적어 보세요.

– 준비물 : 연필

03 아래 이미지를 참고하여 도형(정육면체)의 개수를 맞춰보세요.

※ 힌트 : 2단으로 쌓여 있는 블록과 빈 블록을 꼭 확인하세요.

- 준비물 : 연필

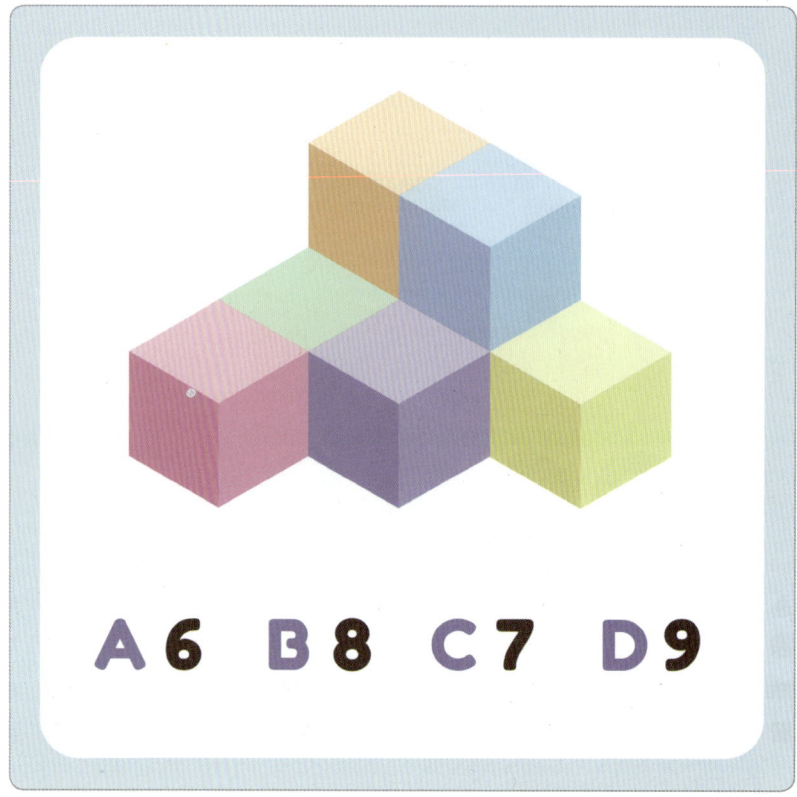

A 6   B 8   C 7   D 9

A 10   B 11   C 9   D 8

스크래치 주니어로 블록 코딩하기

01 동작 블록(→)의  명령블록을 이용하여 코딩하기

❶ 스크래치 주니어를 실행한 후 **바둑판 보기(□)**를 클릭하세요. 이어서, 무대의 'Tic' 캐릭터를 마우스로 드래그하여 **위쪽 '1', 오른쪽 '1'** 위치로 이동시키세요.

※ 바둑판 보기에서 아래쪽의 가로 눈금은 X좌표, 위쪽의 세로 눈금은 Y좌표라고 불러요.

❷ **이벤트 블록(□)**에서 명령블록을 블록 코딩 영역으로 끌어다 놓으세요.

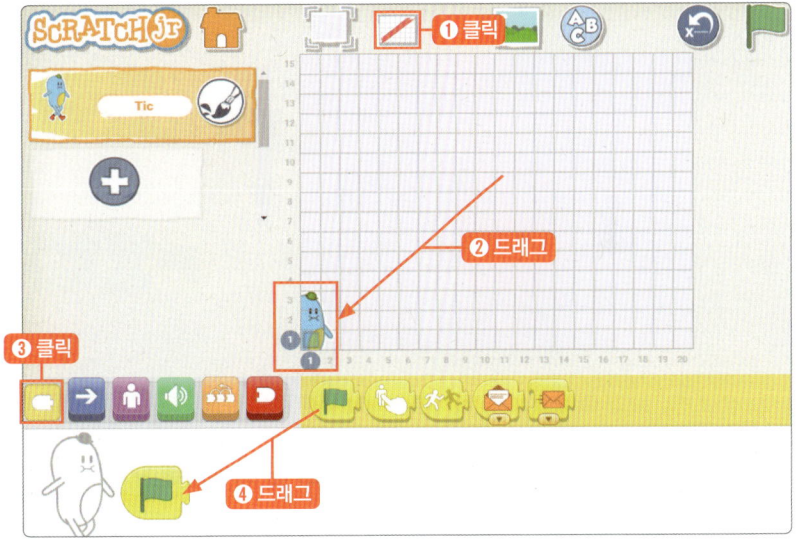

❸ **동작 블록(→)**에서 명령블록을 연결한 후 아래쪽 숫자 '1'을 클릭하여 '5'를 입력하세요.

※ 숫자 입력 시 키보드로 직접 입력을 하거나 화면 오른쪽에 나오는 숫자 키패드를 마우스로 눌러 입력할 수도 있어요.

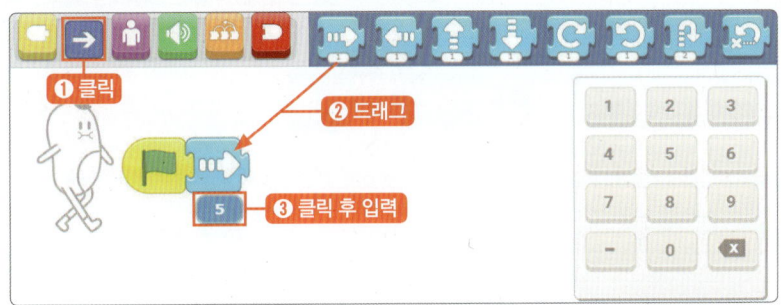

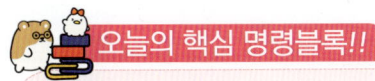

: 아래쪽에 입력한 숫자만큼 캐릭터가 오른쪽으로 이동해요. 단, 캐릭터의 이동 기준은 바둑판을 기준으로 한 칸씩 이동해요.

❹ **동작 블록(→)**에서 명령블록을 1개 더 연결한 후 아래쪽 숫자 '1'을 클릭하여 '2'를 입력하세요.

❺ 무대 위의 **초록색 깃발(▐)**을 클릭하여 'Tic' 캐릭터가 어디로 이동하는지 확인해 보세요.

코딩풀이 : 시작 위치 '1'에서 '5'만큼 이동하여 '6'에 도착한 후 다시 '2'만큼 이동하였기 때문에 최종 도착 위치는 가로(X좌표) 눈금 기준으로 '8'이 되었네요.

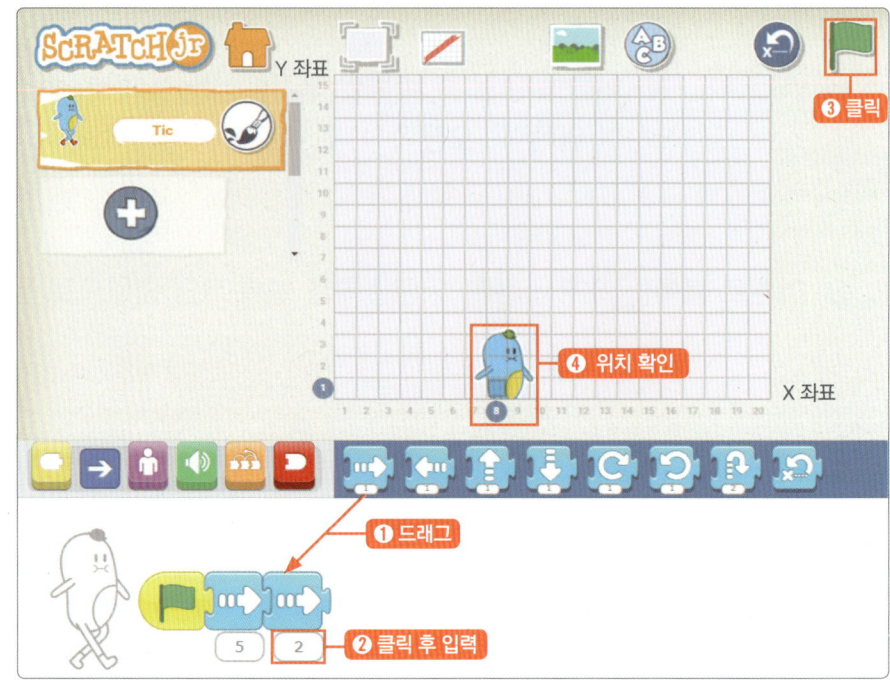

02 동작 블록(→)의 명령블록을 이용하여 코딩하기

❶ 기존에 작성된 코딩 내용에 명령블록을 사이에 끼워넣으세요. 이어서, 아래쪽 숫자 '1'을 클릭하여 '2'를 입력하세요.

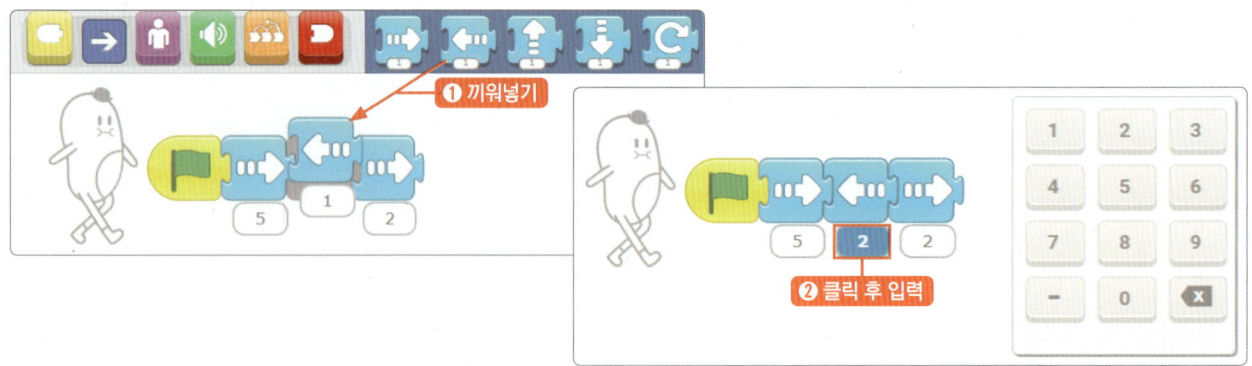

오늘의 핵심 명령블록!!

: 아래쪽에 입력한 숫자만큼 캐릭터가 왼쪽으로 이동해요.

046 손으로 배우는 코딩

❷ 무대 위의 **초록색 깃발(🚩)**을 클릭하여 'Tic' 캐릭터가 어디로 이동하는지 확인해 보세요.

> 코딩풀이 : 시작 위치 '1'에서 오른쪽으로 '5'만큼 이동하여 '6'에 도착 → 왼쪽으로 '2'만큼 이동하여 '4'에 도착
> → 오른쪽으로 '2'만큼 이동하여 '6'에 도착(가로 눈금 기준)

❸ 아래 그림처럼 코딩한 후 실행하여 'Tic' 캐릭터의 도착 위치를 적어보세요.

※ 새롭게 코딩을 할 때는 이전에 작업한 코딩 내용을 삭제한 후 작업하세요.

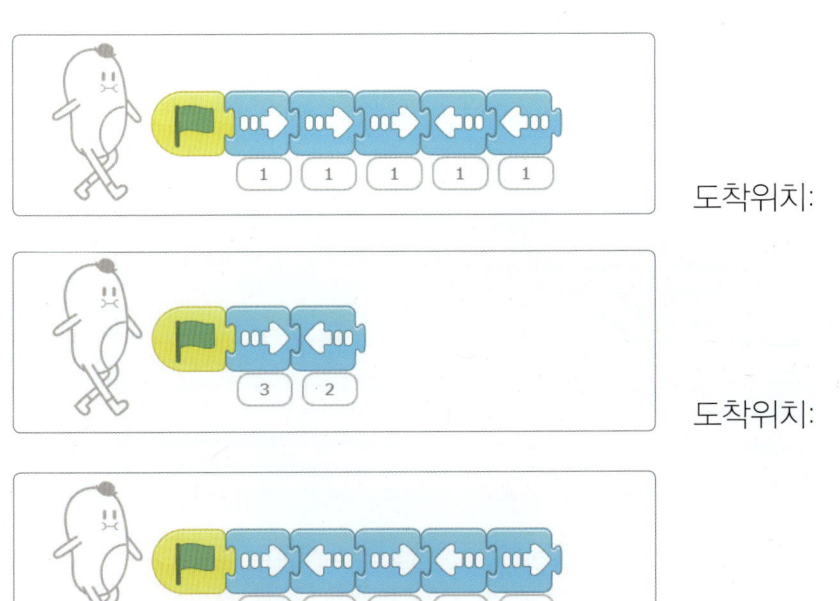

도착위치:

도착위치:

도착위치:

❹ 'Tic' 캐릭터가 X좌표(가로 눈금) '**15**' 위치에 도착할 수 있도록 여러 가지 방법으로 코딩해 보세요.

CHAPTER 08 어린이 코딩 8일차

손으로 배우는 어린이 코딩

01 칠교 놀이

- 준비물 : 가위   - 인원 : 2명~4명 또는 혼자

칠교 놀이는 동양의 퍼즐 놀이 중 하나로 '직각 삼각형 큰 것 2개, 중간 것 1개, 작은 것 2개, 정사각형 1개, 평행 사변형 1개'로 구성되어 있으며, 해당 조각들을 하나씩 연결하여 여러 가지 모양을 만드는 놀이에요. 칠교 놀이는 특정 모양을 혼자서도 만들 수 있으며, 여러 명이 함께 누가 더 빨리 만드는지 시합을 할 수도 있어요.

칠교 놀이를 하기 위해서는 먼저 뒤쪽 [부록 CHAPTER 08]의 칠교 모양을 가위로 오리세요. (가위로 오릴 때는 손을 다치지 않도록 조심하세요.^^) 가위로 오려낸 7개의 조각을 바닥에 펼친 후 교재에서 제시된 도안을 참고하여 여러 가지 모양을 만들어 보세요.

칠교 조각으로 로켓, 망치, 고래, 사람, 앵무새, 고양이 등을 만들어 보세요.

02 화살표 방향에서 도형을 보았을 때 어떤 모양으로 보이는지 맞춰보세요.

— 준비물 : 연필

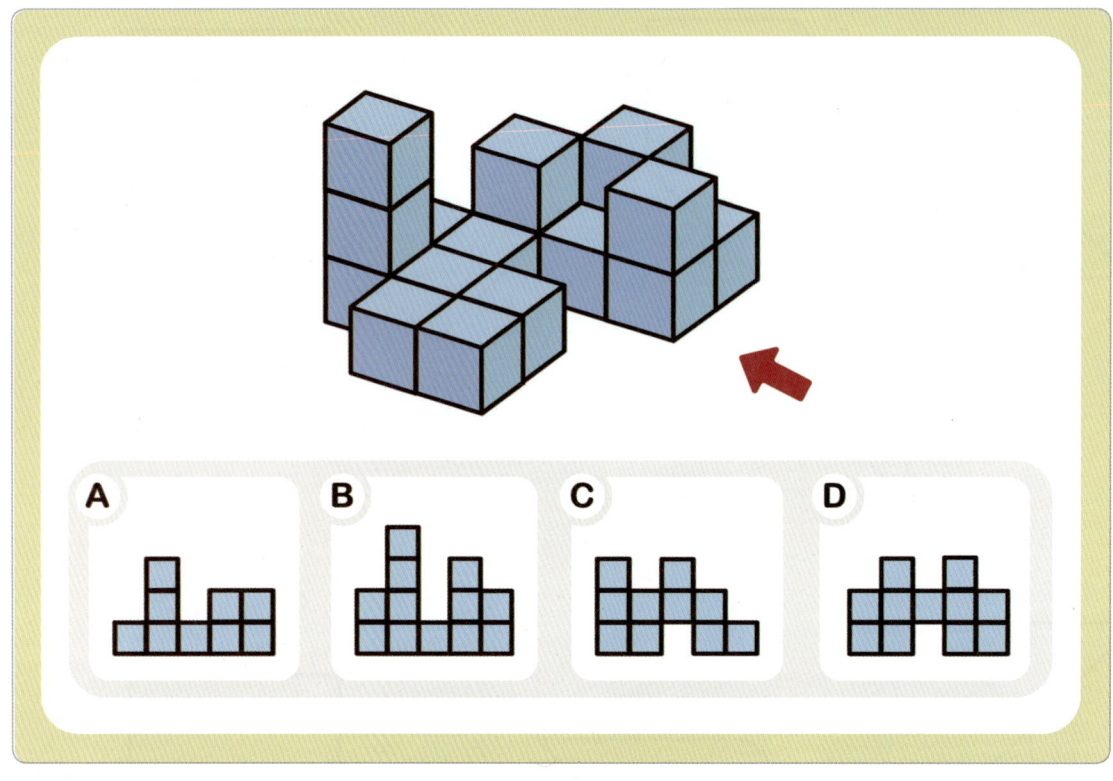

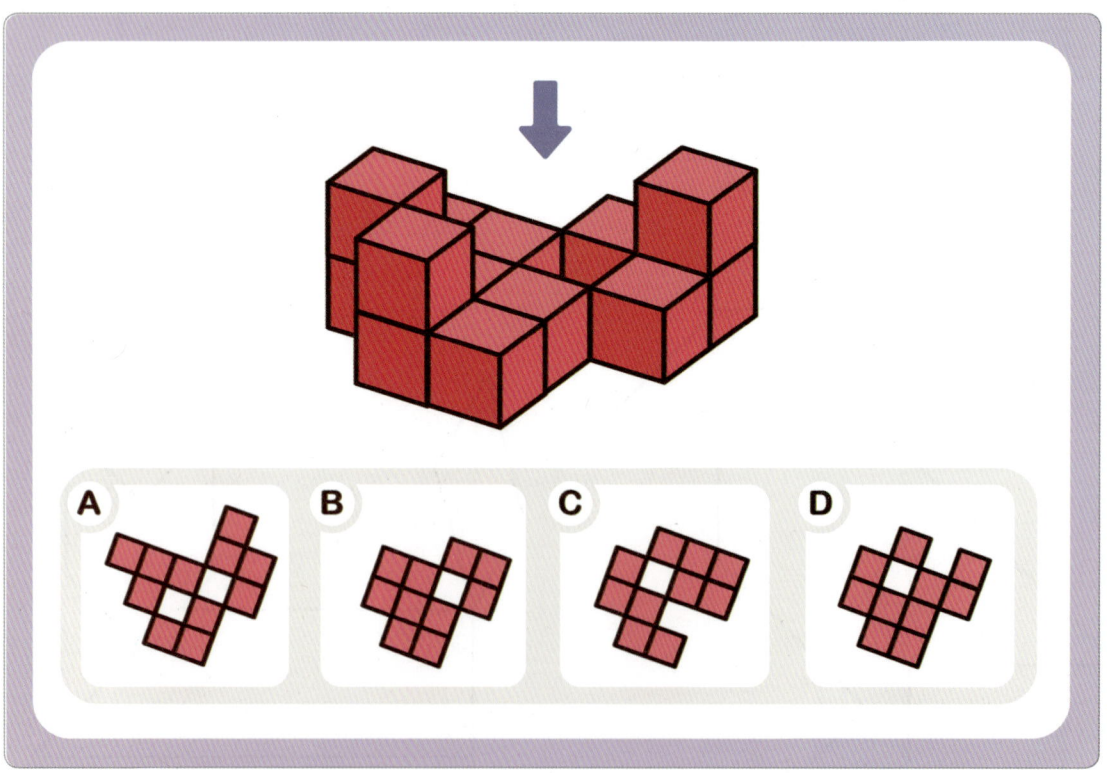

스크래치 주니어로 블록 코딩하기

01 동작 블록(→)의 명령블록을 이용하여 코딩하기

① 스크래치 주니어를 실행한 후 **바둑판 보기(□)**를 클릭하세요. 이어서, 무대의 'Tic' 캐릭터를 마우스로 드래그하여 위쪽 '1', 오른쪽 '1' 위치로 이동시키세요.

② **이벤트 블록(□)**에서 명령블록을 블록 코딩 영역으로 끌어다 놓으세요.

③ **동작 블록(→)**에서 명령블록을 연결한 후 아래쪽 숫자 '1'을 클릭하여 '10'을 입력하세요.

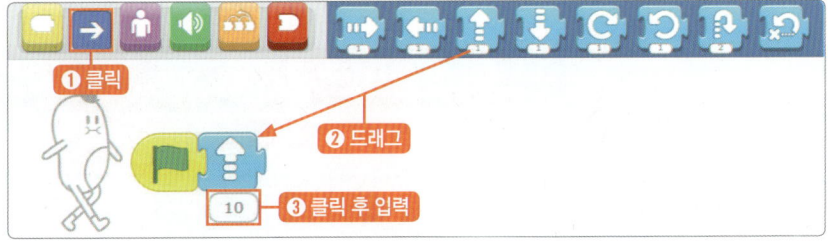

 오늘의 핵심 명령블록!!

: 아래쪽에 입력한 숫자만큼 캐릭터가 위쪽으로 이동해요. 단, 캐릭터의 이동 기준은 바둑판을 기준으로 한 칸씩 이동해요.

④ 동작 블록(→)에서 [↑1] 명령블록을 연결한 후 아래쪽 숫자 '1'을 클릭하여 '5'를 입력하세요.

⑤ 무대 위의 초록색 깃발(🏁)을 클릭하여 'Tic' 캐릭터가 어디로 이동하는지 확인해 보세요.

코딩풀이 : 시작 위치 '1'에서 '10'만큼 위쪽으로 이동하여 '11'에 도착한 후 오른쪽으로 '5'만큼 이동하였기 때문에 최종 도착 위치는 '11(세로 눈금-Y좌표), 6(가로 눈금-X좌표)'이 되었네요.

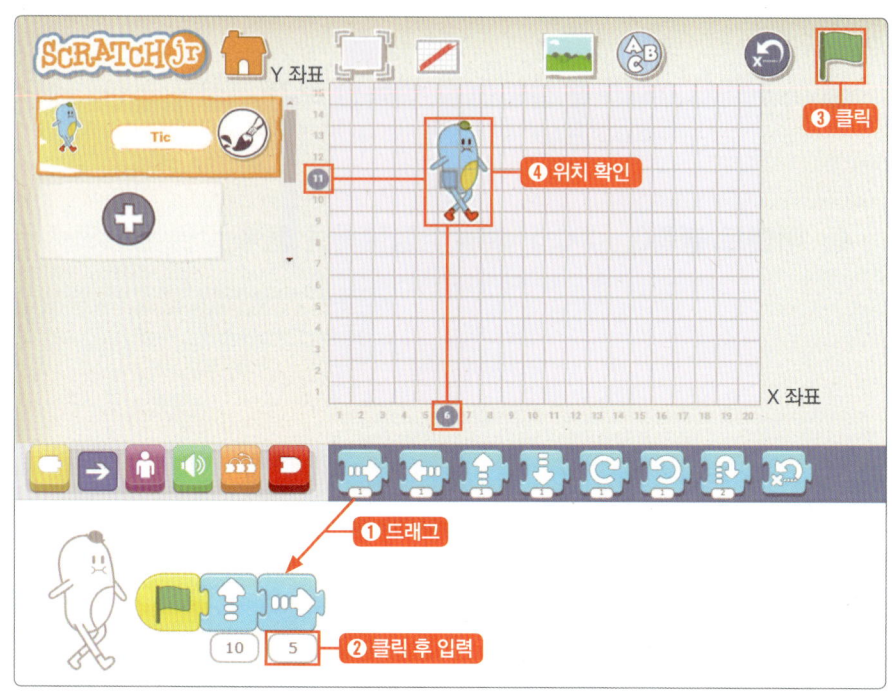

02 동작 블록(→)의 [↓1] 명령블록을 이용하여 코딩하기

① 기존에 작성된 코딩 내용에 [↓1]와 [←1] 명령블록을 연결한 후 아래쪽 숫자를 '10'과 '5'로 각각 입력하세요.

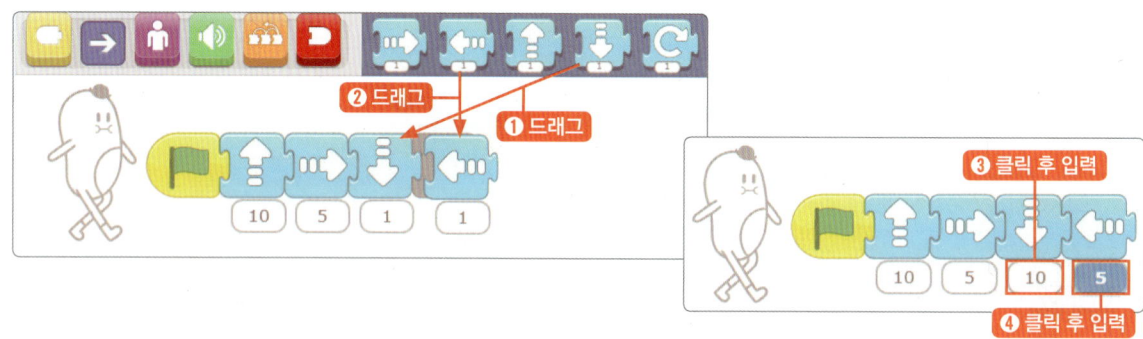

오늘의 핵심 명령블록!!

[↓] : 아래쪽에 입력한 숫자만큼 캐릭터가 아래쪽으로 이동해요.

손으로 배우는 코딩

❷ 무대 위의 **초록색 깃발**(🏳)을 클릭하여 'Tic' 캐릭터가 어디로 이동하는지 확인해 보세요.

> 코딩풀이 : 시작 위치 '1'에서 '10'만큼 위쪽으로 이동하여 '11, 1'에 도착 → 오른쪽으로 '5'만큼 이동하여 '11, 6'에 도착 → 아래쪽으로 '10'만큼 이동하여 '1, 6'에 도착 → 왼쪽으로 '5'만큼 이동하여 '1, 1'에 도착(처음 위치)

❸ 아래 그림처럼 코딩한 후 실행하여 'Tic' 캐릭터의 도착 위치를 적어보세요.

※ 새롭게 코딩을 할 때는 이전에 작업한 코딩 내용을 삭제한 후 작업하세요.

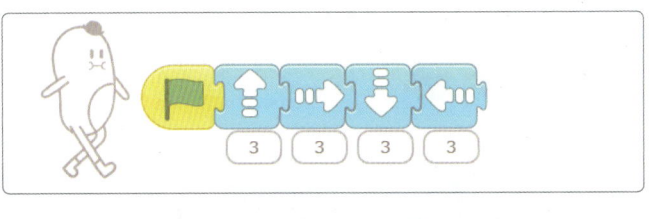

도착위치:

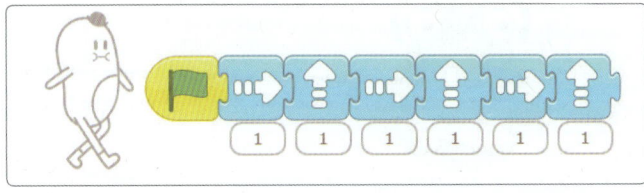

도착위치:

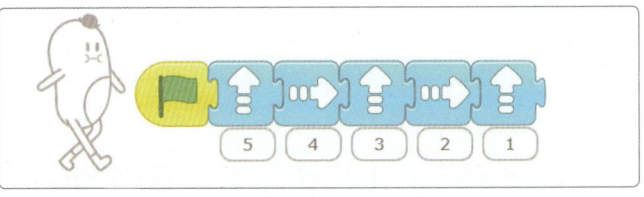

도착위치:

❹ 'Tic' 캐릭터가 '세로(Y좌표)-10, 가로(X좌표)-10' 위치에 도착할 수 있도록 여러 가지 방법으로 코딩해 보세요.

CHAPTER 09 어린이 코딩 9일차

손으로 배우는 어린이 코딩

01 라면끓여 먹는 방법을 순서도로 표현하려면 말풍선을 어떻게 연결해야 할까요? 순서도는 위에서 아래로 실행되니까 참고하세요.^^

– 준비물 : 연필

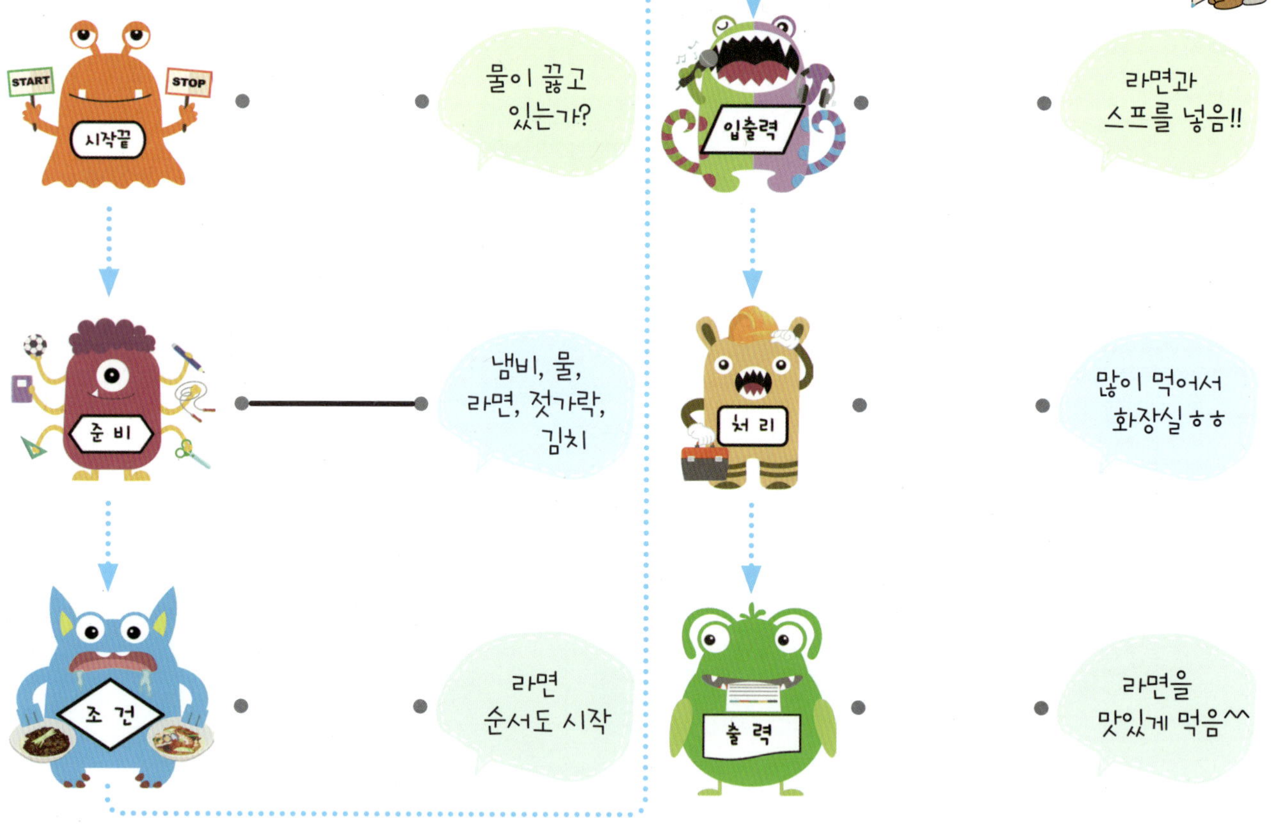

● **코딩 쏙쏙!** ●

순서도(플로차트)는 컴퓨터로 어떤 일을 처리하는 과정을 여러 가지 기호(◇, ▱, □ 등)와 화살표(→)를 이용하여 표현한 그림이에요. 순서도를 잘 작성하면 알고리즘(어떠한 문제를 해결하기 위해 정해진 일련의 절차나 방법)을 쉽게 파악할 수 있어요.

02 순서도 기호에 맞는 단어를 연결해 보세요. 이어서, 순서도(단어) 내용에 맞는 말풍선을 찾아서 연결해 보세요.

- **준비물** : 연필

 ● ● 준 비 ● 순서도 작성의 시작과 끝을 표시해요.

 ● ● 처 리 ● 덧셈에 필요한 숫자 2개를 입력해요.

 ● ● 입출력 ● 덧셈에 필요한 숫자들을 미리 준비해요.

 ● ● 출 력 ● 덧셈의 결과가 맞으면 프린터로 출력해요.

 ● ● 조 건 ● 1+1을 계산해요.

 ● ● 시작끝 ● 1+1의 결과가 2인지 판단해요.

03 순서도 캐릭터가 자신에게 맞는 이름표를 찾으려면 어디로 이동을 해야 할까요?

- 준비물 : 연필

스크래치 주니어로 블록 코딩하기

01 동작 블록(→)의 명령블록을 이용하여 코딩하기

TIP 스크래치 주니어 회전 각도(시계 방향)

① 회전 각도는 시계 방향(1~12)과 같아요.
② **회전 각도 3** : 3시 방향
④ **회전 각도 6** : 6시 방향
⑤ **회전 각도 9** : 9시 방향
⑥ **회전 각도 12** : 12시 방향

❶ 스크래치 주니어를 실행한 후 **바둑판 보기(□)**를 클릭하세요. 이어서, 무대의 'Tic' 캐릭터를 마우스로 드래그하여 **위쪽 '3', 오른쪽 '1'** 위치로 이동시키세요.

❷ **이벤트 블록(■)**에서 명령블록을 블록 코딩 영역으로 끌어다 놓으세요.

❸ 이어서, **동작 블록(→)**에서 와 명령블록을 연결한 후 아래쪽 숫자 '1'을 클릭하여 '3'을 각각 입력하세요.

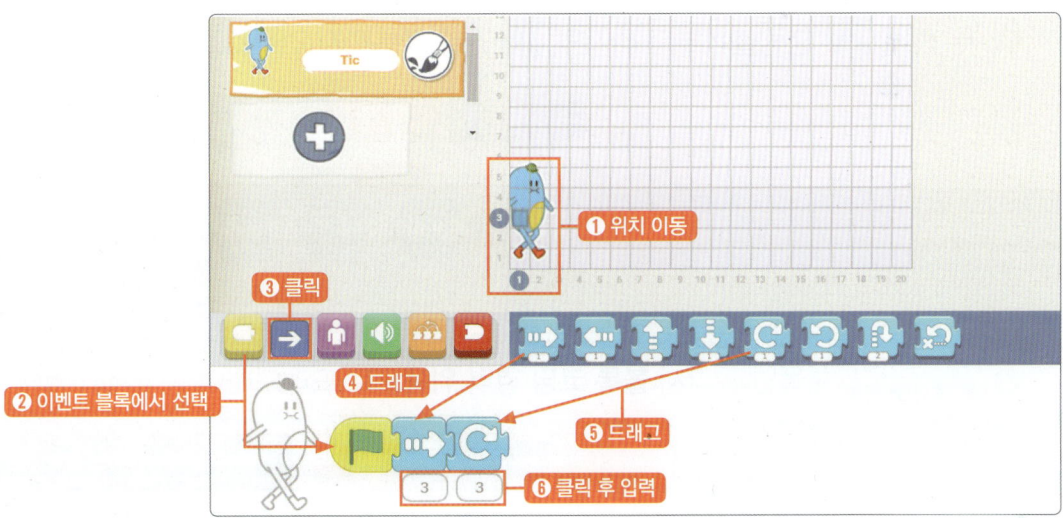

오늘의 핵심 명령블록!!

: 아래쪽에 입력한 숫자만큼 캐릭터가 시계 방향으로 회전을 해요. 단, 회전 각도는 1부터 12까지 지정할 수 있어요.

어린이 코딩 9일차 057

④ 와 명령블록을 아래 그림처럼 각각 3개씩(총6개) 추가적으로 연결한 후 아래쪽 숫자 '1'을 클릭하여 '3'으로 모두 입력하세요.

⑤ 무대 위의 **초록색 깃발**( )을 클릭하여 'Tic' 캐릭터가 시계 방향으로 몇 번 회전을 하는지 확인해 보세요.

02 동작 블록(→)의 명령블록을 이용하여 코딩하기

① 두 번째 명령블록부터 마지막 명령블록까지 마우스로 드래그하여 차례대로 분리시키세요.

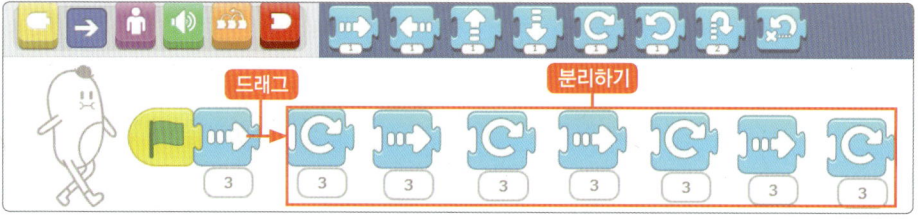

② 명령블록들만 골라서 **블록 코딩 영역 위쪽**으로 드래그하여 총 4개의 명령블록을 삭제하세요.

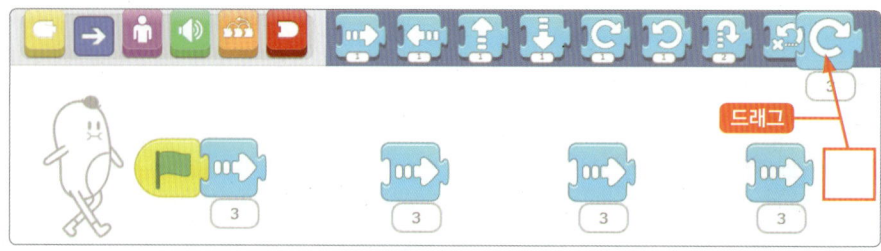

❸ 명령블록이 삭제되면 명령블록을 차례대로 연결한 후 아래쪽 숫자 '1'을 클릭하여 '3'을 입력하세요. 이어서, 앞뒤로 명령블록들을 연결하세요.

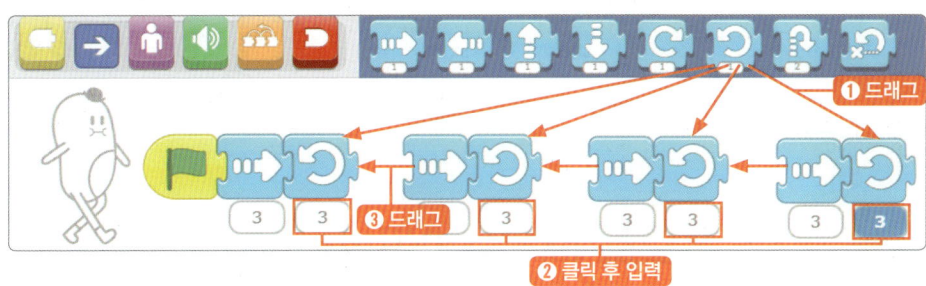

오늘의 핵심 명령블록!!

: 아래쪽에 입력한 숫자만큼 캐릭터가 시계 반대 방향으로 회전을 해요.

❹ 명령블록 수정이 끝나면 무대 위의 **초록색 깃발( )**을 클릭하여 'Tic' 캐릭터가 시계반대 방향으로 몇 번 회전을 하는지 확인해 보세요.

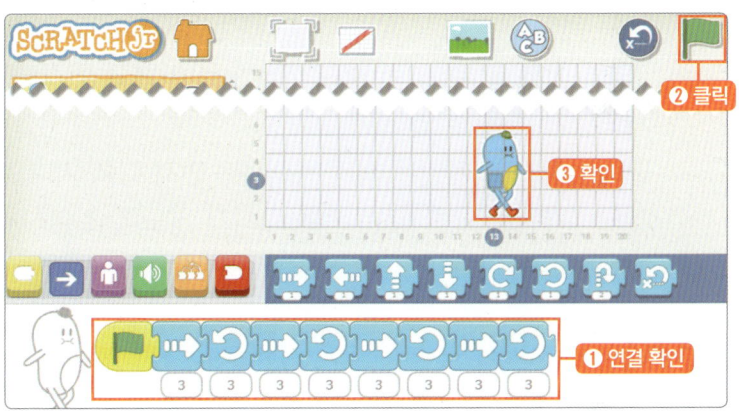

❺ 무대의 'Tic'을 마우스로 드래그하여 **위쪽 '10', 오른쪽 '10'** 위치로 이동시킨 후 아래 그림처럼 코딩하여 결과를 확인해 보세요.

CHAPTER 10 어린이 코딩 10일차

손으로 배우는 어린이 코딩

01 X-Y 좌표 땅따먹기 보드 게임

– **준비물** : 주사위 2개, 가위, 풀, 연필, 지우개   – **인원** : 2명

X-Y 좌표를 이용한 땅따먹기 보드 게임은 양수(+)와 음수(-)를 구분할 수 있는 주사위 1개와 1~6까지 랜덤(무작위)으로 숫자가 나오는 주사위 1개가 필요해요. 좌표 값을 이용한 땅따먹기 게임은 2명이 함께 할 수 있는 보드 게임으로 어렵고 헷갈리기만 했던 X-Y 좌표 값에 대한 개념을 쉽고 재미있게 배울 수 있어요.

땅따먹기 보드 게임을 하기 위해서는 먼저 뒤쪽 [부록 CHAPTER 10]의 주사위 모양을 가위로 오리세요. (가위로 오릴 때는 손을 다치지 않도록 조심하세요.^^) 가위로 오려낸 주사위 모양은 풀을 이용하여 붙여보세요.

● **코딩 쏙쏙!** ●

음수를 이용한 X-Y 좌표 값은 스크래치 주니어 다음 과정으로 배우게 될 '엔트리' 또는 '스크래치3.0'에서 사용하는 좌표 개념이에요. 스크래치 주니어는 음수 값 없이 양수 값으로만 X-Y 좌표를 이동하기 때문에 조금 쉬웠을 거라 생각해요. 음수와 양수를 이용한 X-Y 좌표 값은 가운데 0을 기준으로 왼쪽과 아래쪽은 음수 값으로 이동하며, 오른쪽과 위쪽은 양수 값으로 이동해요.

게임 방법

❶ 주사위 2개를 동시에 던져서 X 좌표(가로) 값을 확인하세요.(예 : – / 3)

❷ 주사위 2개를 다시 던져서 Y 좌표(세로) 값을 확인하세요.(예 : + / 4)
   ※ 주사위를 던졌을 때 양수-음수 주사위 값이 '꽝'으로 나오면 다음 사람에게 순서가 넘어가요.

❸ X와 Y 좌표 값을 합친(X:-3, Y:4) 좌표 값 위치에 본인의 이름을 연필로 적어 내 땅을 표시하세요.

❹ 주사위를 던져 내가 뽑은 X-Y 좌표값 위치가 이미 상대방의 땅이라면 여러 가지 게임 룰을 만들어서 진행할 수 있어요.
   - 룰1(전투게임) : 가위, 바위, 보 또는 주사위로 상대방 땅을 뺏을 수 있음
   - 룰2(보상게임) : 땅 주인이 시키는 일을 함

❺ 정해진 시간 안에 최대한 많은 땅을 차지하는 사람이 승리하는 게임이에요.

02 ① ◆, ★, ♣, ●, ♥ 모양 위치의 x-y 좌표 값을 확인하여 적어보세요.
② x-y 좌표 값을 원하는 색으로 채우세요.

– 준비물 : 연필, 색연필

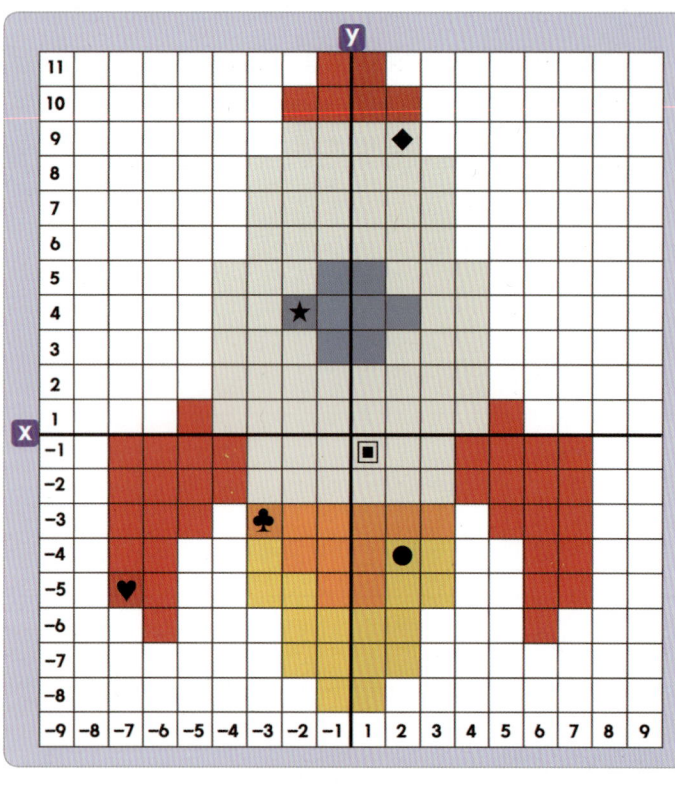

① x-y 좌표 값 적기

■ x : 1, y : -1
◆
★
♣
●
♥

② x-y 좌표 색 채우기

x : -7, y : 10   x : 8, y : 2
x : -5, y : -8   x : 9, y : 6
x : 4, y : 11   x : -8, y : 4

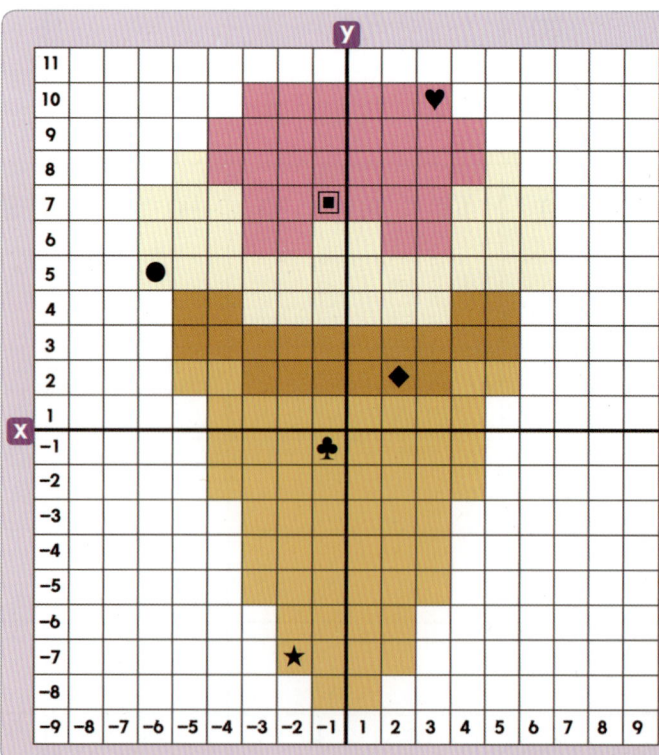

① x-y 좌표 값 적기

■ x : -1, y : 7
◆
★
♣
●
♥

② x-y 좌표 색 채우기

x : -7, y : -1   x : 9, y : -5
x : 5, y : 11   x : -4, y : -8
x : 7, y : 9   x : 1, y : 11

스크래치 주니어로 블록 코딩하기

01 동작 블록(→)의  명령블록을 이용하여 코딩하기

① 스크래치 주니어를 실행한 후 **바둑판 보기(□)**를 클릭하세요. 이어서, 무대의 'Tic' 캐릭터를 마우스로 드래그하여 **위쪽 '3', 오른쪽 '1'** 위치로 이동시키세요.

② **이벤트 블록(　)**에서 　 명령블록을 블록 코딩 영역으로 끌어다 놓으세요.

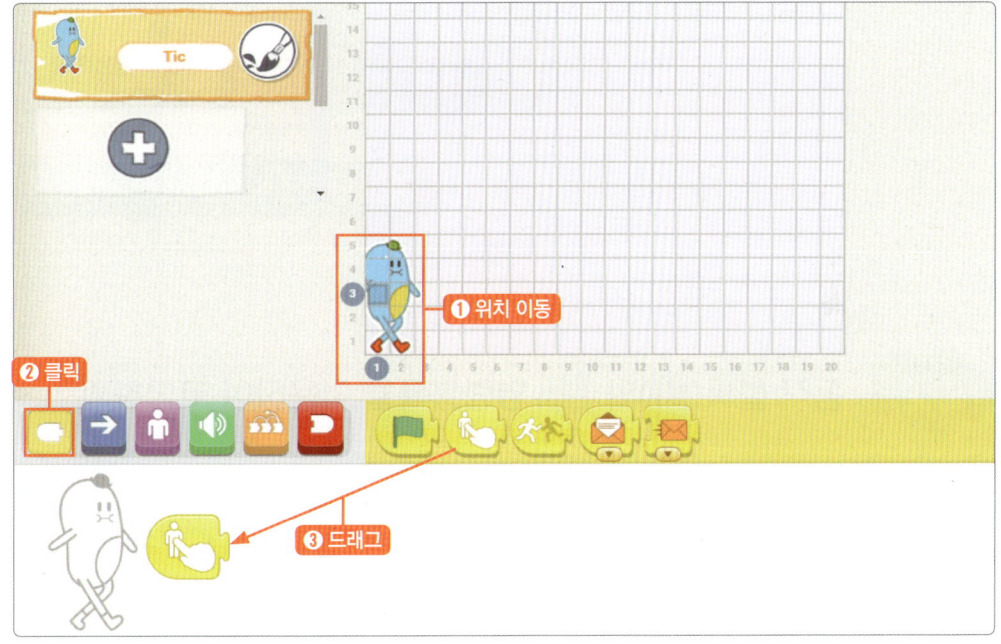

③ **동작 블록(→)**에서 　와 　 명령블록을 연결한 후 아래쪽 숫자 '1'과 '2'를 클릭하여 '3'을 각각 입력하세요.

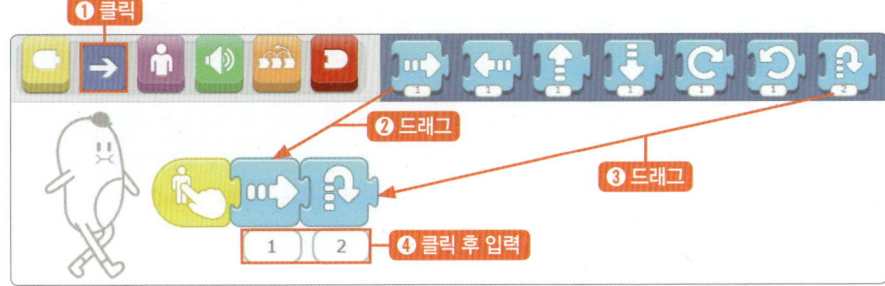

오늘의 핵심 명령블록!!

　 : 아래쪽에 입력한 숫자만큼 캐릭터가 점프를 했다가 제자리로 돌아와요. 단, 캐릭터의 점프 기준은 바둑판을 기준으로 위로 한 칸씩 이동해요.

❹ 똑같은 방법으로 아래 그림처럼 와 명령블록을 연결한 후 '**3**'을 입력하세요.

❺ 무대 위의 'Tic' 캐릭터를 클릭하여 오른쪽으로 이동하면서 점프를 하는지 확인해 보세요.

02 동작 블록(→)의 명령블록을 이용하여 코딩하기

❶ 위에서 작성한 명령블록 맨 뒤에 를 연결하세요.

❷ 무대 위의 'Tic' 캐릭터를 클릭하여 오른쪽으로 이동하면서 점프를 한 후 처음 위치로 되돌아오는지 확인해 보세요.

❸ 결과 확인이 끝나면 버튼을 눌러 프로젝트를 저장하세요.

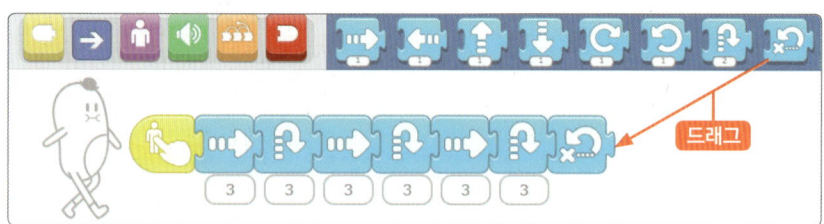

오늘의 핵심 명령블록!!

: 캐릭터의 위치를 처음 등장한 위치로 이동시켜요.

 이벤트 블록(🟡)과 동작 블록(➡️)을 이용하여 점프 게임을 코딩해 보세요.

❶ My Projects 화면에서 ➕를 클릭한 후 'Tac' 캐릭터를 추가시키세요.

❷ 'Tic' 캐릭터의 위치를 '3(위쪽), 1(오른쪽)'으로 이동시킨 후 'Tac' 캐릭터의 위치를 '2(위쪽), 19(오른쪽)' 위치로 이동시키세요.

※ 캐릭터의 위치를 변경하거나 코딩을 할 때는 먼저 무대 왼쪽에서 원하는 캐릭터를 선택한 후 작업해야 해요.

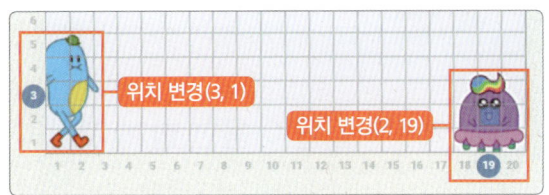

❸ 초록색 깃발(🚩)을 클릭하면 'Tac' 캐릭터가 **왼쪽으로 18칸** 이동한 후 처음 위치로 이동하도록 코딩하세요.

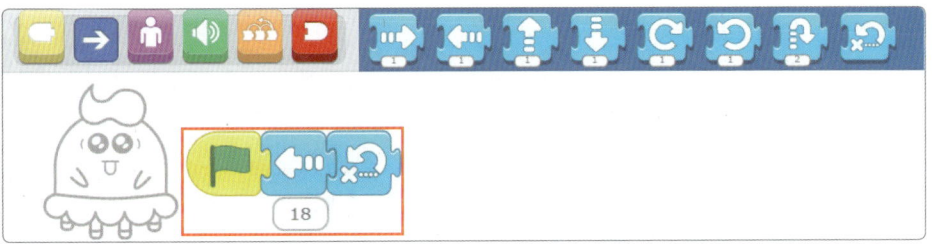

❹ 초록색 깃발(🚩)을 클릭하면 'Tic' 캐릭터가 **오른쪽으로 18칸** 이동한 후 처음 위치로 이동하도록 코딩하세요.

❺ 이어서, 'Tic' 캐릭터를 클릭하면 점프를 할 수 있도록 코딩을 추가하세요.

※ 블록 코딩 영역에는 2개 이상의 상황(이벤트)을 함께 코딩할 수 있어요.

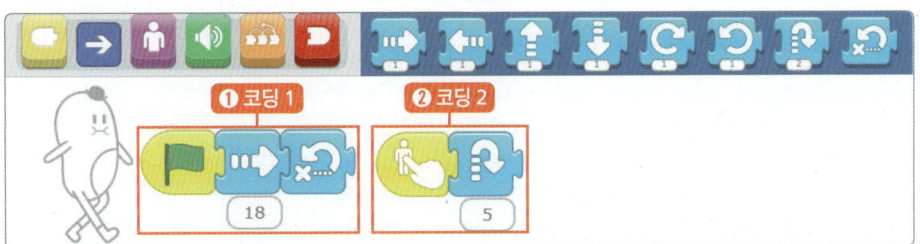

❻ 코딩 작업이 끝나면 무대 위의 초록색 깃발(🚩)을 클릭하세요. 'Tic'과 'Tac'이 이동하다가 서로 닿을 것 같으면 무대의 'Tic'을 클릭하여 점프로 피하세요.

※ 'Tic'을 클릭하다가 실수로 드래그 하였을 경우에는 'Tic'의 위치를 '3(위쪽), 1(오른쪽)'로 이동시킨 후 다시 실행해 보세요.

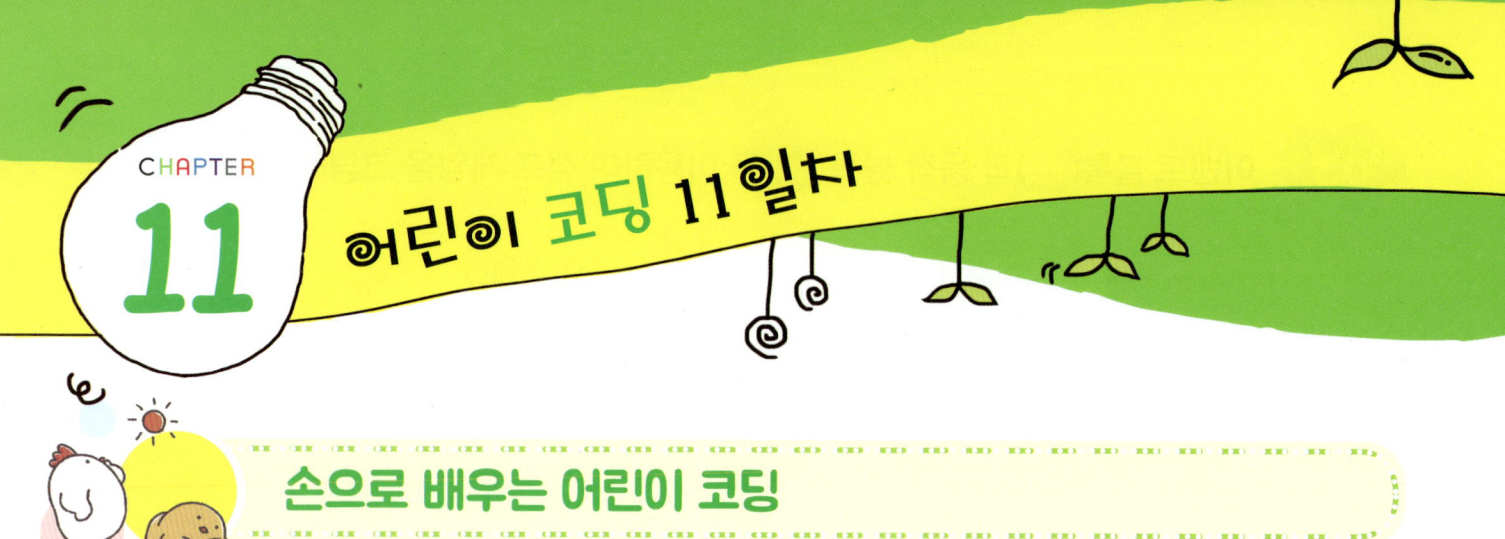

손으로 배우는 어린이 코딩

01 캐릭터들을 이용한 합계 계산의 패턴을 분석하여 물음표(?)에 들어갈 값을 찾아보세요.

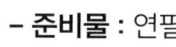
- 준비물 : 연필

● 코딩 쏙쏙! ●

캐릭터 종류별로 합계 계산에 어떤 차이가 있는지 먼저 분석해 보세요. 종류별로 분석이 끝나면 해당 내용을 조합하여 문제를 해결해 보세요. 만약 여러분이 문제에서 원하는 답을 찾았다면 하나의 알고리즘을 파악한 것이에요. 알고리즘은 '어떠한 문제를 해결하기 위해 정해진 일련의 절차나 방법'이라고 앞에서 설명했었죠? 알고리즘을 어렵게만 생각하지 말고 우리의 생활 속에 숨어 있는 알고리즘을 한 번 생각해 보세요. 예를 들어 '라면을 끓여먹기 위한 방법'도 하나의 알고리즘이라고 할 수 있어요.

02 숫자 패턴을 확인하여 빈 칸에 들어갈 값을 적어보세요.

– 준비물 : 연필

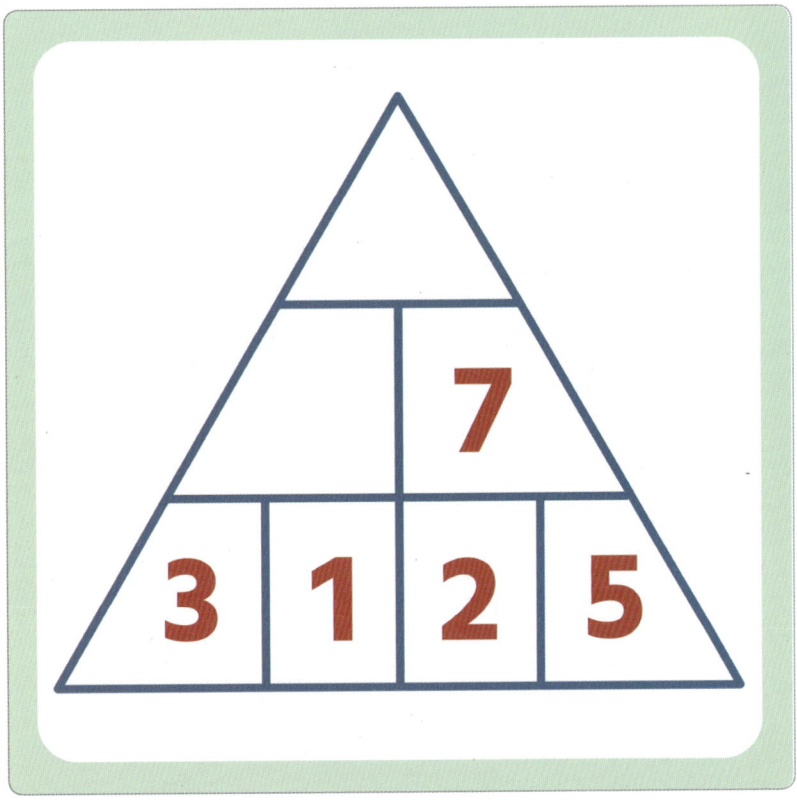

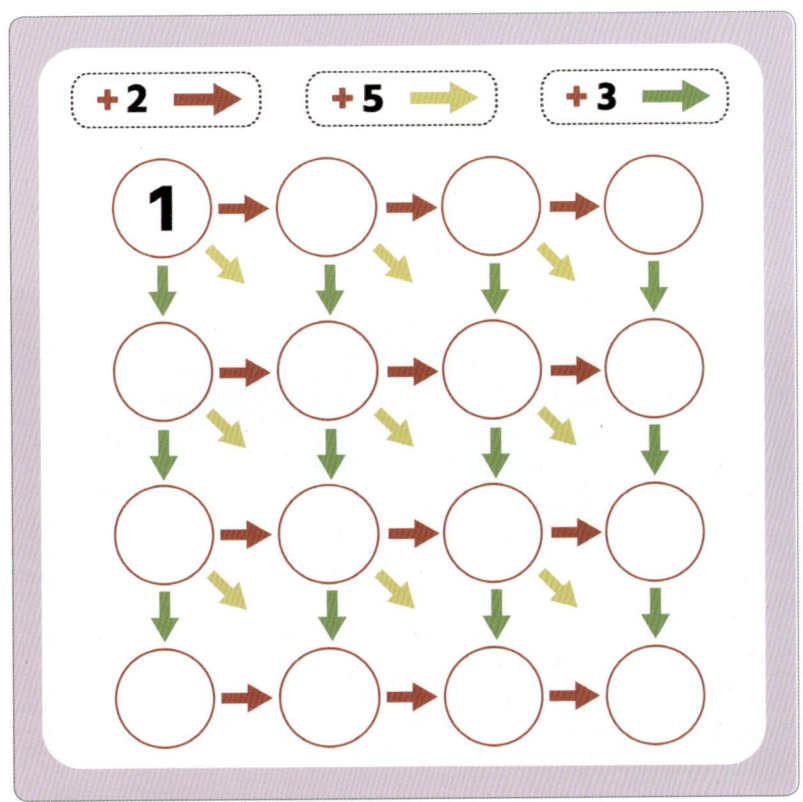

| 03 | 도형(정육면체)을 위에서 보았을 때 어떤 색들이 보이는지 맞춰보세요. |

※ 힌트 : 2단으로 쌓여 있는 블록과 빈 블록을 꼭 확인하세요.

– 준비물 : 연필

스크래치 주니어로 블록 코딩하기

01 모양 블록( )의 명령블록을 이용하여 코딩하기

① 스크래치 주니어를 실행한 후 **바둑판 보기**( )를 클릭하세요.

② 'Tic' 캐릭터의 위치를 '8(위쪽), 2(오른쪽)'로 이동시킨 후 'Tac' 캐릭터를 추가하여 '8(위쪽), 19(오른쪽)' 위치로 이동시키세요.

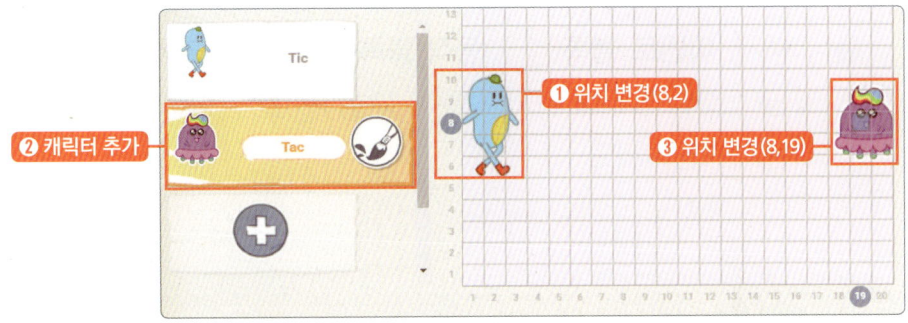

③ 'Tic' 캐릭터를 **선택**한 후 **이벤트 블록**( )에서 명령블록을 블록 코딩 영역으로 끌어다 놓으세요.

④ **동작 블록**( )에서 명령블록을 연결한 후 아래쪽 숫자 '1'을 클릭하여 '8'을 입력하세요.

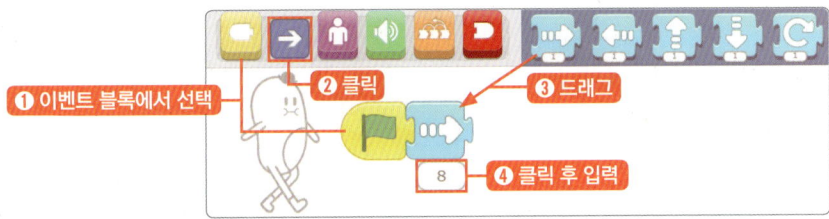

⑤ 이어서, **이벤트 블록**( )에서 명령블록을 블록 코딩 영역으로 끌어다 놓으세요.

⑥ **모양 블록**( )에서 명령블록을 연결한 후 아래쪽 글자 hi를 더블클릭하여 **괜찮니?**를 입력하세요.

※ 'hi'를 클릭한 후 입력 창이 활성화 되었을 때 'hi'를 더블클릭하여 내용을 수정할 수도 있어요.

코딩풀이 : 무대 위의 초록색 깃발을 클릭하면 오른쪽(X좌표)으로 8칸 이동하다가 'Tac'에 닿으면 '괜찮니?'라고 말을 해요.

어린이 코딩 11일차 **069**

 오늘의 핵심 명령블록!!

 : 아래쪽에 입력한 내용을 말풍선으로 보여줘요.

❼ 'Tac' 캐릭터를 선택한 후 **이벤트 블록( )**과 **동작 블록( )**을 이용하여 아래 그림처럼 코딩하세요.

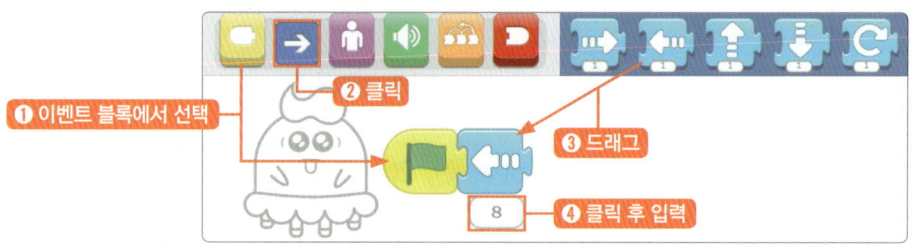

❽ 이어서, **이벤트 블록( ), 동작 블록( ), 모양 블록( )**을 이용하여 아래 그림처럼 코딩하세요. 코딩이 끝나면 무대 위의 초록색 깃발( )을 클릭하여 'Tic'과 'Tac'이 이동하다가 서로 닿으면 말을 하는지 확인하세요.

※ 말하기 내용은 '헤롱헤롱~'으로 입력하세요.

※ 만약 'Tac'이 2번 회전을 하면 기준 좌표 위치(Tic : 8,2 /Tac : 8,19)에서 'Tic'과 'Tac' 위치를 조금씩만 뒤로 드래그하여 위치를 조정하세요. 단, 드래그할 때 기준 좌표값(X-Y)이 바뀌면 안돼요.

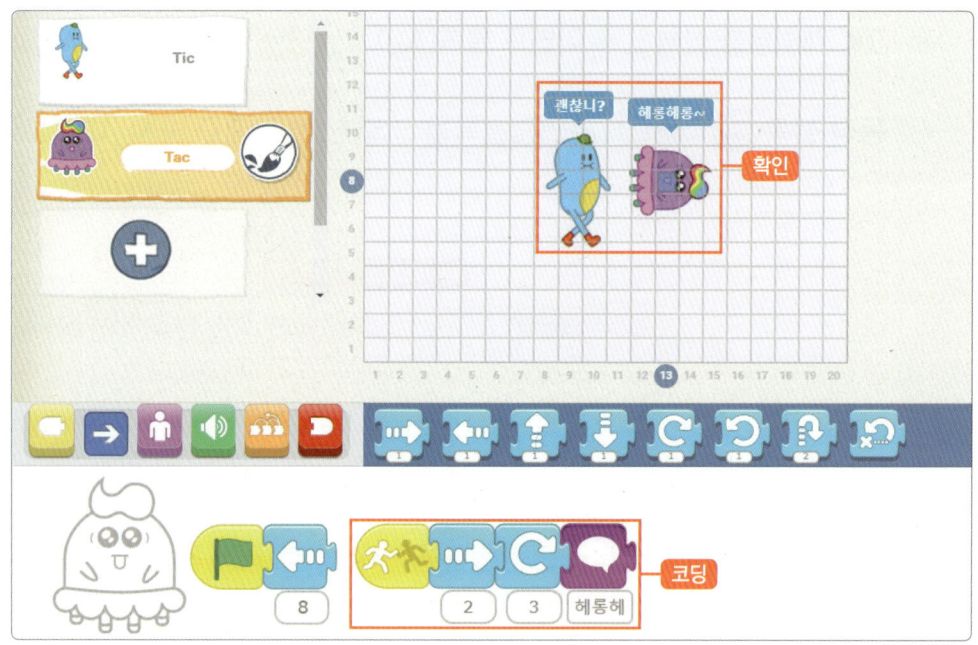

TIP 코딩 작업

① 이번 11차시부터는 앞에서 배웠던 내용(명령블록)들이 나오면 별도의 설명없이 블록 꾸러미 부분만 알려줄 거에요.

② 예를 들어 본문 내용에 '이벤트 블록( ), 동작 블록( ), 모양 블록( )을 이용하여 코딩 작업을 하라고 나오면' 교재의 결과 이미지를 참고하여 해당 명령블록을 드래그하여 코딩하세요.

02. 모양 블록( )의 명령블록을 이용하여 코딩하기

❶ 'Tic' 캐릭터를 선택한 후 **모양 블록( )**에서 명령블록을 사이에 끼워 넣은 후 아래쪽 숫자 '2'를 클릭하여 '20'을 입력하세요.

오늘의 핵심 명령블록!!

- : 아래쪽에 입력한 숫자만큼 캐릭터를 크게 확대해요.
- : 확대 또는 축소된 캐릭터를 원래 크기로 되돌려줘요.

❷ 이어서, 명령블록을 뒤쪽에 연결하세요. 코딩 작업이 끝나면 를 클릭하여 전체화면 으로 전환한 후 초록색 깃발( )을 클릭하여 결과를 확인해 보세요.

코딩풀이 : 무대 위의 초록색 깃발을 클릭하면 'Tic'이 크기를 20만큼 확대한 후 오른쪽으로 8칸 이동하다가 'Tac'에 닿으면 '괜찮니?'라고 말을 한 후 원래 크기로 돌아와요. 단, 'Tac'은 'Tic'이 커졌기 때문에 계속 닿는 시간이 길어져서 이전 결과와는 다르게 회전을 2번 해요.

어린이 코딩 11일차

어린이 코딩 12일차

손으로 배우는 어린이 코딩

01 강 건너기 놀이

- 준비물 : 가위   - 인원 : 혼자

강 건너기 놀이는 '양, 늑대, 양배추'가 강을 건너는 게임이에요. 주어진 조건에 맞추어 강을 건너기 위해서는 많은 생각이 필요한 게임으로 각각의 상황을 적어가면서 문제를 해결해 보세요. 강 건너기 게임을 하기 위해서는 먼저 뒤쪽 [부록4]의 '배, 양, 늑대, 양배추'를 모양에 맞추어 가위로 오리세요. (가위로 오릴 때는 손을 다치지 않도록 조심하세요.^^) 가위로 오려낸 '배, 양, 늑대, 양배추'는 아래 그림처럼 배치한 후 강 건너기 놀이를 시작합니다.

- 강 위 : 배
- 오른쪽 육지 : 양, 늑대, 양배추

게임 조건

- 강을 이동할 때는 한 마리의 동물(또는 물건)만 태울 수 있어요.
- '양'과 '늑대'를 남겨두면 '늑대'가 '양'을 잡아먹어요.
- '양'과 '양배추'를 남겨두면 '양'이 '양배추'를 먹어요.
- 배를 타고 내릴 때는 잡아먹지 않아요.

아무 문제없이 모두가 강을 건너기 위해서는 어떤 방법(알고리즘)이 필요할까요?

강 건너기 방법(알고리즘)

※ 힌트 : 늑대는 2번째 순서에 강을 건너요. 단, 아무 문제 없이 모두가 무사히 강을 건너기 위해서는 특정 동물(또는 물건)이 왼쪽과 오른쪽 땅을 여러 번 이동해야 해요.

02 번호에 맞는 색상으로 예쁘게 색칠해 보세요. 과연 어떤 그림이 완성될까요?

- 준비물 : 색연필

스크래치 주니어로 블록 코딩하기

01 동작 블록( )의 명령블록을 이용하여 코딩하기

❶ 스크래치 주니어를 실행한 후 **바둑판 보기( )**를 클릭하세요.

❷ 'Tic' 캐릭터의 위치를 '8(위쪽), 2(오른쪽)'로 이동시킨 후 'Tac' 캐릭터를 추가하여 '8(위쪽), 19(오른쪽)' 위치로 이동시키세요.

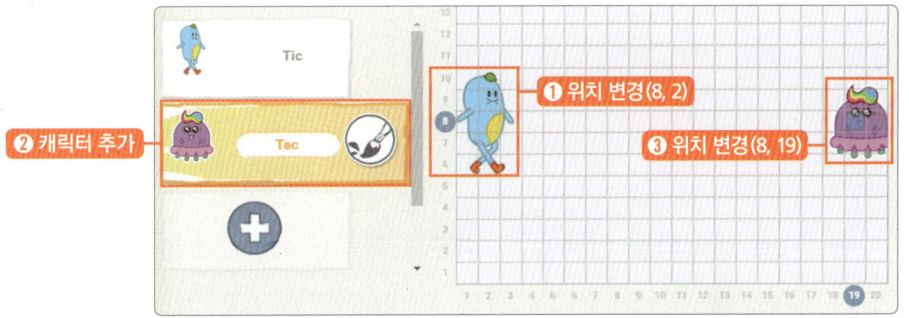

❸ 'Tic' 캐릭터를 **선택**한 후 이벤트 블록( ), 동작 블록( ), 모양 블록( )을 이용하여 아래 그림처럼 코딩하세요.

코딩풀이 : 무대 위의 초록색 깃발을 클릭하면 크기를 10만큼 확대한 후 오른쪽으로 8칸 이동해요. 이동하는 도중에 다른 캐릭터와 닿으면 왼쪽으로 이동해요.

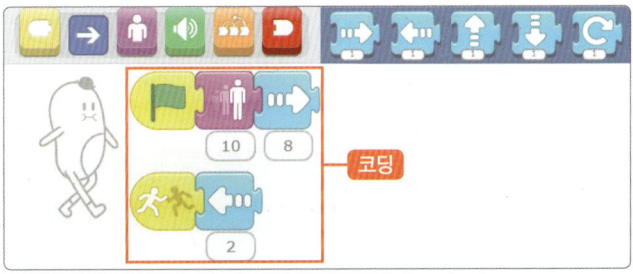

❹ 이어서, **모양 블록( )**에서 명령블록을 뒤에 연결한 후 아래쪽 숫자 '2'를 클릭하여 '3'을 입력하세요.

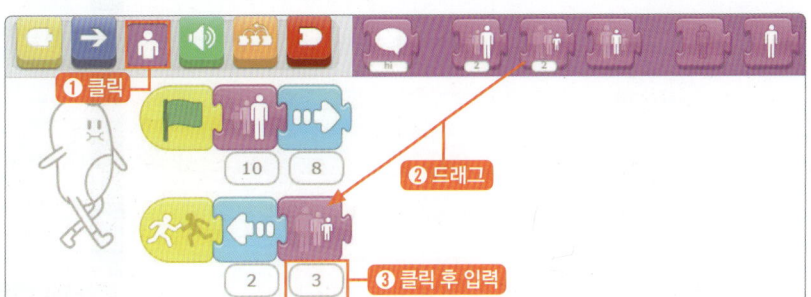

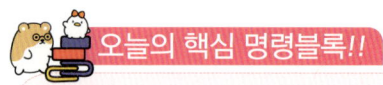

 : 아래쪽에 입력한 숫자만큼 캐릭터를 작게 축소해요.

❺ **동작 블록(→)** 및 **모양 블록(👤)**을 이용하여 아래 그림처럼 뒤쪽에 명령블록을 연결하세요.

  ※ 말하기 내용은 '헉! 어제는 내가 미안했어^^'로 입력하세요.

  코딩풀이 : 오른쪽으로 이동하다가 'Tac'에 닿으면 왼쪽으로 이동하면서 점점 작아지다가 말을 해요.

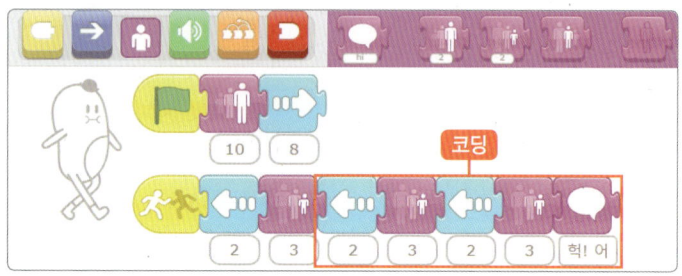

❻ 'Tac' 캐릭터를 선택한 후 이벤트 블록(🟡), 모양 블록(👤), 동작 블록(→)을 이용하여 아래 그림처럼 코딩하세요.

  ※ 말하기 내용은 '어제 날 밀었던 파란소시지다!'로 입력하세요.

  코딩풀이 : 무대 위의 초록색 깃발을 클릭하면 말을 하고 크기를 25만큼 확대한 후 왼쪽으로 9칸 이동해요.

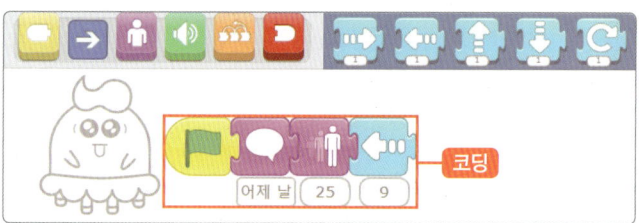

❼ 코딩 작업이 끝나면 🔲를 클릭하여 전체화면으로 전환한 후 초록색 깃발(🚩)을 클릭하여 11일차 코딩 결과와 어떻게 다른지 확인해 보세요.

02 모양 블록( )의 명령블록을 이용하여 코딩하기

❶ 'Tac' 캐릭터를 선택한 후 모양 블록( )을 이용하여 아래 그림처럼  뒤쪽에 명령블록을 연결하세요.

※ 말하기 내용은 '그럼 난 간다~ 순간이동!'으로 입력하세요.

코딩풀이 : 왼쪽으로 9칸 이동한 후 원래 크기로 바꿔서 말을 하고 무대에서 모습이 보이지 않도록 사라져요.

오늘의 핵심 명령블록!!

- : 캐릭터의 모습을 무대에서 보이지 않도록 숨겨요.
- : 무대에 숨겨진 캐릭터를 다시 보이게 해요.

❷ 이어서, **동작 블록**( )과 **모양 블록**( )을 이용하여 아래 그림처럼 코딩하세요.

❸ 코딩 작업이 끝나면 무대 위의 초록색 깃발( )을 클릭하여 'Tac' 캐릭터가 어디로 순간이동 하는지 확인해 보세요.

※ 코딩 결과를 확인할 때 '바둑판 보기'를 해제한 후 초록색 깃발( )을 클릭하면 깨끗한 무대에서 확인할 수 있어요.

어린이 코딩 12일차

어린이 코딩 13일차

손으로 배우는 어린이 코딩

01 단어에 맞는 모스 부호를 적어본 후 박수 또는 핸드폰 손전등 불빛으로 표현해 보세요.

- 준비물 : 연필

SOS	··· −−− ···	이마	
PET		오이	
JOB		타요	
ART		나비	
RED		라면	

A	·−	N	−·	ㄱ	·−··	ㅎ	·−−−
B	−···	O	−−−	ㄴ	··−·	ㅏ	·
C	−·−·	P	·−−·	ㄷ	−····	ㅑ	··
D	−··	Q	−−·−	ㄹ	···−·	ㅓ	−
E	·	R	·−·	ㅁ	−−	ㅕ	···
F	··−·	S	···	ㅂ	·−−−	ㅗ	·−
G	−−·	T	−	ㅅ	−−··	ㅛ	−·
H	····	U	··−	ㅇ	−·−	ㅜ	·−··
I	··	V	···−	ㅈ	·−−·	ㅠ	−·−−
J	·−−−	W	·−−	ㅊ	−·−··	ㅡ	−··−
K	−·−	X	−··−	ㅋ	−·−−	ㅣ	··−−
L	·−··	Y	−·−−	ㅌ	−−··−	ㅐ	−·−−·
M	−−	Z	−−··	ㅍ	−−−	ㅔ	−·−−−

모스 부호(Morse code)는 미국의 발명가 새뮤얼 핀리 브리즈 모스가 고안한 것으로 '짧은 발신 전류(·)'와 '긴 발신 전류(−)'을 적절히 조합하여 알파벳과 숫자를 표기해요. 국제적으로 사용하기 위해서는 영어와 숫자를 위주로 사용하지만 한글도 모스 부호로 사용할 수 있으니 꼭 확인해 보세요.

02 아래 2개의 이미지를 비교하여 틀린 그림 8개를 찾아보세요.

– 준비물 : 연필

03 9개의 퍼즐 조각을 맞춰보세요. 단, 퍼즐은 뒤쪽 [부록 CHAPTER 13]의 이미지를 가위로 오려서 사용하세요.

– 준비물 : 가위

스크래치 주니어로 블록 코딩하기

01 소리 블록( )의  명령블록을 이용하여 코딩하기

① 스크래치 주니어를 실행한 후 **바둑판 보기( )**를 클릭하세요.

② 'Tic' 캐릭터의 위치를 '8(위쪽), 6(오른쪽)'으로 이동시킨 후 'Soccer Ball' 캐릭터를 추가하여 '6(위쪽), 19(오른쪽)' 위치로 이동시키세요.

※ 'Soccer Ball' 캐릭터 이름을 '축구공'으로 변경하세요.

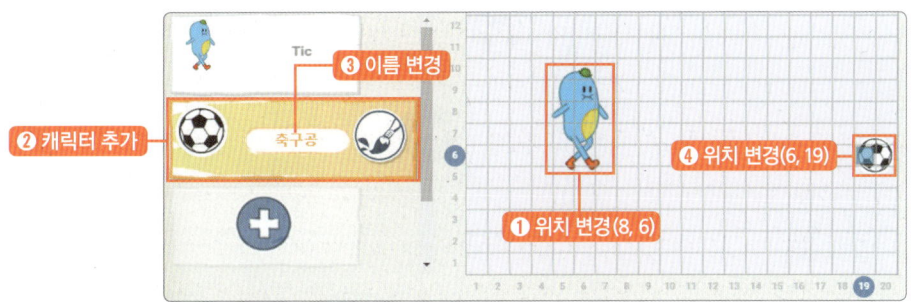

③ '축구공' 캐릭터를 선택한 후 이벤트 블록( ), 모양 블록( ), 동작 블록( )을 이용하여 아래 그림처럼 코딩하세요.

코딩풀이 : 무대 위의 초록색 깃발을 클릭하면 '축구공'이 왼쪽으로 이동하면서 무대에서 보이지 않도록 숨기고 다시 보이는 것을 반복한 후 처음 자리로 되돌아와요.

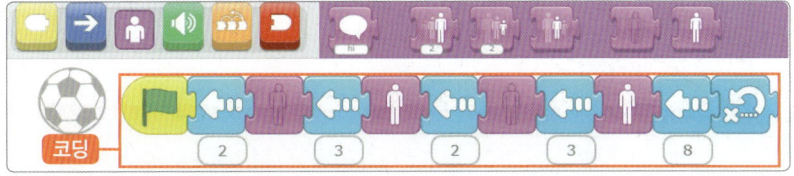

④ 'Tic' 캐릭터를 선택한 후 이벤트 블록( )과 모양 블록( )을 이용하여 아래 그림처럼 코딩하세요.

⑤ 이어서, **소리 블록( )**에서 명령블록을 뒤쪽에 연결하세요.

코딩풀이 : 무대의 'Tic'을 클릭하면 점프를 하면서 '팝' 소리를 내요.

: '팝' 소리를 내요.

❻ **이벤트 블록( ), 동작 블록( ), 모양 블록( )**을 이용하여 아래 그림처럼 코딩하세요.

※ 코딩풀이 : 'Tic'과 '축구공'이 닿으면 9시 방향으로 회전을 한 후 '띠용'을 말하고, 원래 위치로 되돌아와요.

❼ 코딩 작업이 끝나면 무대 위의 초록색 깃발( )을 클릭하세요. 왼쪽으로 이동하는 '축구공' 캐릭터를 피할 수 있도록 무대의 'Tic' 캐릭터를 클릭하여 점프해 보세요.

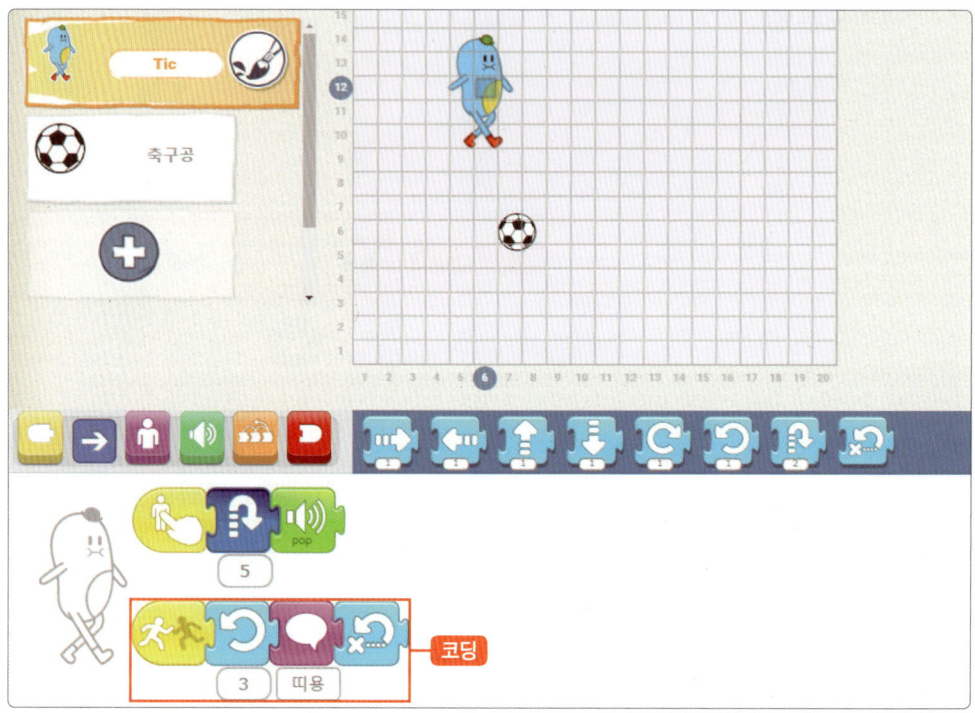

TIP 녹음하기( )

① 마이크를 이용하여 필요한 소리를 직접 녹음할 수 있어요.

② 녹음된 소리는 명령블록( )으로 만들어져서 코딩할 때 사용할 수 있어요.

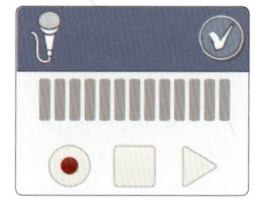

02 제어 블록( )의 명령블록을 이용하여 코딩하기

❶ '축구공' 캐릭터를 선택한 후 제어 블록( )에서 명령블록으로 반복할 블록들을 사이에 끼워 넣으세요. 이어서, 반복 횟수 '4'를 클릭하여 '5'로 입력하세요.

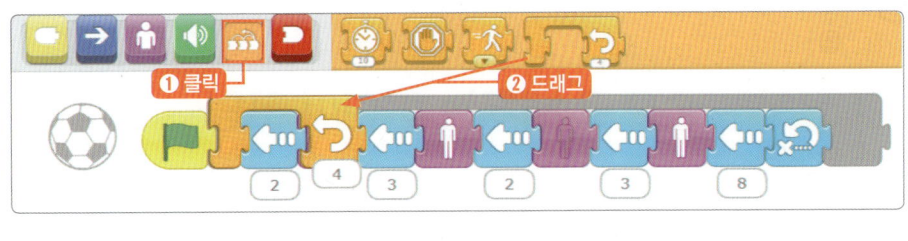

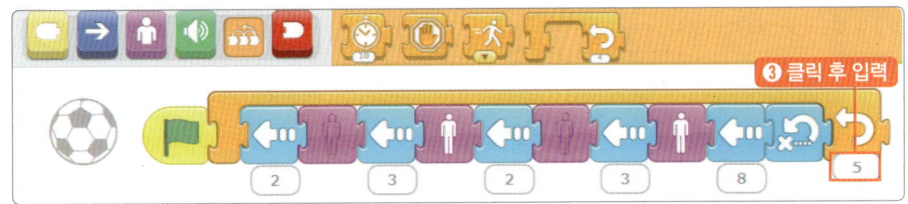

오늘의 핵심 명령블록!!

: 아래쪽에 입력한 숫자만큼 감싸고 있는 블록들을 반복해서 실행해요.

03 제어 블록( )의 명령블록을 이용하여 코딩하기

❶ 제어 블록( )에서 명령블록을 뒤쪽에 연결하세요.

※ 기다리기 시간 '10'은 '1초'를 의미해요.

❷ 코딩 작업이 끝나면 바둑판 보기를 해제한 후 무대 위의 초록색 깃발( )을 클릭하세요. 1초 간격으로 5번 반복하여 이동하는 '축구공' 캐릭터를 피해 점프해 보세요.

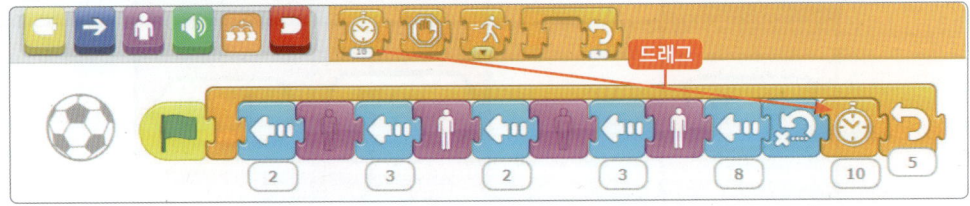

오늘의 핵심 명령블록!!

: 아래쪽에 입력한 숫자만큼 기다렸다가 다음 명령블록을 실행해요.

어린이 코딩 14일차

손으로 배우는 어린이 코딩

01 조건을 확인한 후 빈 칸에 들어갈 이미지를 찾아서 그려보세요.

– 준비물 : 연필, 색연필

조건	처리	출력	시작끝		준비
시작끝		입출력	처리		조건
입출력		처리	조건	준비	출력
출력		준비	입출력		처리
처리		시작끝	준비		입출력
준비	입출력	조건	출력		시작끝

02 순서도를 참고하여 노래 제목을 맞춰보세요.

노래 제목 : _____

노래 제목 : _____

03 조건을 확인한 후 빈 칸에 들어갈 이미지를 찾아서 그려보세요.

- 준비물 : 연필, 색연필

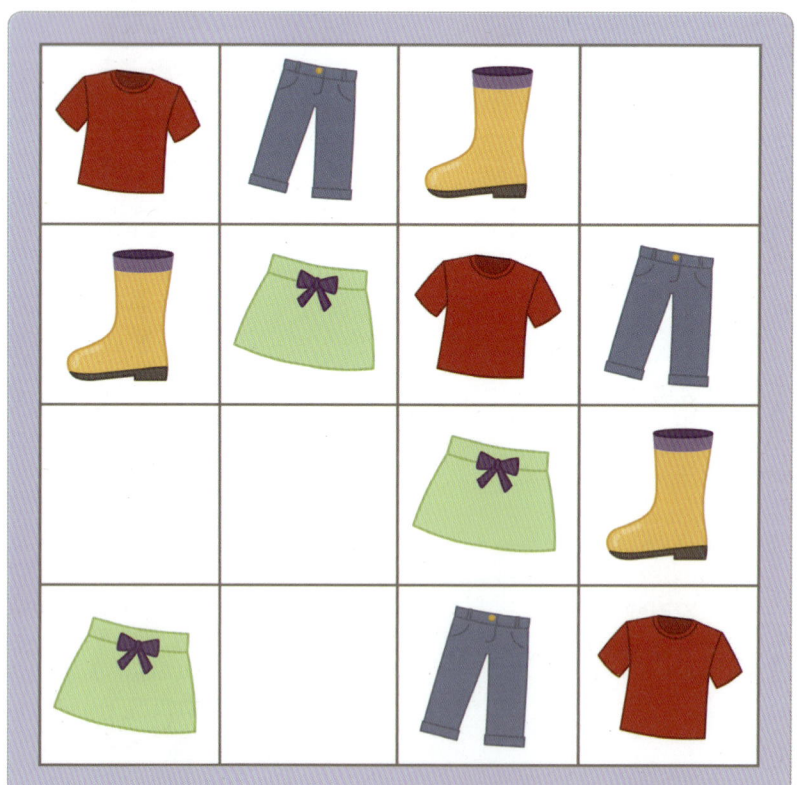

스크래치 주니어로 블록 코딩하기

01 제어 블록()의 🏃 명령블록을 이용하여 코딩하기

① 스크래치 주니어를 실행한 후 **바둑판 보기(☐)**를 클릭하세요.

② 'Tic' 캐릭터의 위치를 '13(위쪽), 3(오른쪽)'으로 이동시킨 후 'Penguin' 캐릭터를 추가하여 '3(위쪽), 3(오른쪽)' 위치로 이동시키세요.

③ 'Tic' 캐릭터를 선택한 후 **이벤트 블록(☐)**에서 🚩 명령블록을 블록 코딩 영역으로 끌어다 놓으세요.

④ **제어 블록( )**에서 🏃 명령블록을 연결한 후 ▼을 클릭하여 🏃을 선택하세요. 이어서, **동작 블록(→)**을 이용하여 아래 그림처럼 코딩하세요.

 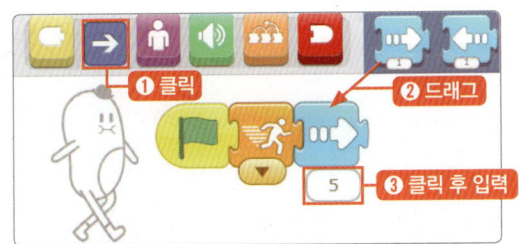

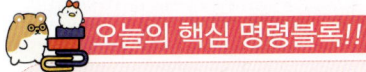

 : 블록들의 실행 속도를 총 3단계(느리게, 보통, 빠르게)로 설정할 수 있어요.

어린이 코딩 14일차 087

❺ 똑같은 방법으로 **제어 블록**( )과 **동작 블록**( )을 이용하여 아래 그림처럼 코딩하세요.

코딩풀이 : 무대 위의 초록색 깃발을 클릭하면 'Tic'이 빠른 속도로 5칸 이동 → 느린 속도로 5칸 이동 → 빠른 속도로 5칸 이동해요.

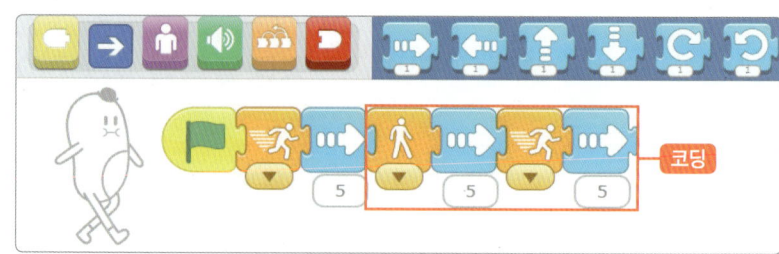

❻ **이벤트 블록**( )에서 명령블록을 연결한 후 을 클릭하여 을 선택하세요.

❼ 이어서, **모양 블록**( )에서 명령블록을 연결한 후 **역시 내가 1등이군!**을 입력하세요.

코딩풀이 : 오른쪽으로 15칸을 이동한 후 빨간색 메시지를 보내고 말을 해요.

❽ '**Penguin' 캐릭터를 선택**한 후 똑같은 방법으로 아래 그림처럼 코딩하세요.

※ 말하기 내용은 '내가 1등이다!'로 입력하세요.

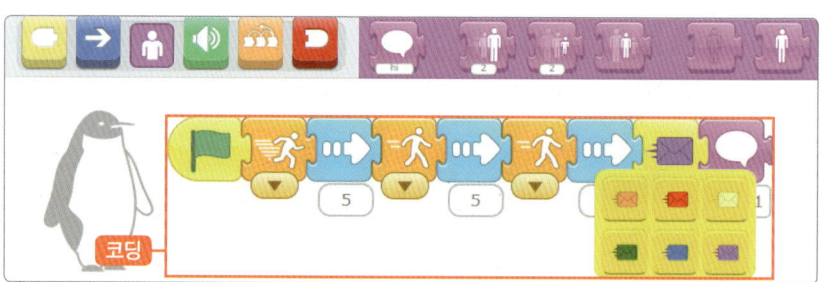

TIP 명령블록을 복사한 후 수정하기

① 블록 코딩 영역에서 명령블록 부분을 클릭한 채 캐릭터 목록의 'Penguin' 쪽으로 드래그하여 명령블록 전체를 복사하세요.

② 'Tic'에 작성한 명령블록이 복사되면 교재 이미지를 참고하여 'Penguin'에 맞게 명령블록을 수정하세요.

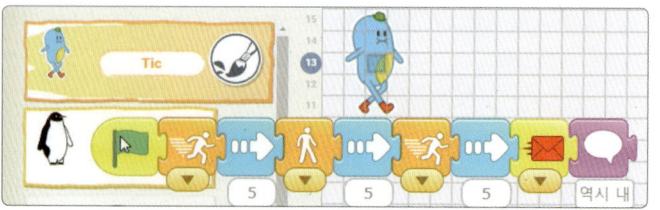

02 제어 블록( )의 명령블록을 이용하여 코딩하기

❶ 이벤트 블록( )에서 명령블록을 연결한 후 을 클릭하여 을 선택하세요.

❷ 제어 블록( )에서 명령블록을 연결하세요.

코딩 풀이 : 'Tic'이 1등으로 들어오면 빨간색 메시지를 보내서 'Penguin'이 더 이상 뛰지 못하도록 명령블록의 실행을 중지시켜요.

오늘의 핵심 명령블록!!

: 캐릭터에 코딩된 모든 명령블록의 실행을 멈춰요.

❸ 'Tic' 캐릭터를 선택한 후 똑같은 방법으로 아래 그림처럼 코딩하세요.

※ 색상 메시지를 보내고 받을 때 메시지 색상을 구분하여 '보내는 캐릭터'와 '받는 캐릭터'를 꼭 확인하세요.

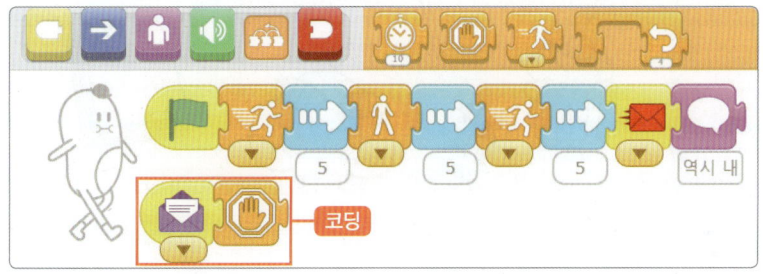

❹ 코딩 작업이 끝나면 무대 위의 초록색 깃발( )을 클릭한 후 'Tic'과 'Penguin' 캐릭터 중 누가 더 빨리 달려 1등을 하는지 확인해 보세요.

CHAPTER 15 어린이 코딩 15일차

손으로 배우는 어린이 코딩

01 아래 그림 중에서 '우주'와 '사탕'에 관련된 것들만 찾아서 색칠해 보세요.

– 준비물 : 색연필

02 아래 낱말 퍼즐을 이용하여 '만화 캐릭터 이름'과 '아이스크림 이름'을 찾아서 적어보세요.

- 준비물 : 연필

코	지	짱	피	꼬	이
에	다	롱	로	비	치
카	스	난	도	인	츄
라	기	냥	언	반	위
구	뽀	신	크	부	바
라	퍼	어	로	몽	피

만화 캐릭터 이름

바	구	루	스	퍼	냥
두	요	로	자	수	바
옥	탱	더	레	크	맘
박	나	마	죠	메	구
설	이	슈	동	보	임
콘	사	위	때	호	콘

아이스크림 이름

03 아래 조건을 참고하여 순서대로 그림을 그려보세요. 과연 어떤 그림이 완성될까요?

– 준비물 : 연필, 색연필

조건1

① 얼굴이 동그랗게 생겼어요.

② 얼굴 안쪽도 큰 동그라미가 있어요.

③ 눈과 코도 동그랗게 생겼으며, 함께 붙어 있어요.

④ 눈 안쪽에 작은 동그라미가 있어요.

⑤ 코 옆에 양쪽으로 수염이 세 개가 있어요.

⑥ 입 모양을 스마일이에요.

⑦ 빨간색 목걸이를 하고 있어요.

조건에 맞추어 그림그리기

조건2

① 얼굴이 네모 모양이에요.

② 눈은 크고 동그랗게 생겼으며, 붙어있어요.

③ 눈 안쪽에 작은 동그라미가 있어요.

④ 눈 위에 세 개의 속눈썹이 붙어있어요.

⑤ 코는 소시지처럼 생겼어요.

⑥ 입을 얼굴 크기만큼 벌리고 있으며, 위쪽 앞니 두 개가 벌어져 있어요.

⑦ 얼굴에 곰팡이처럼 얼룩이 있어요.

조건에 맞추어 그림그리기

스크래치 주니어로 블록 코딩하기

01 제어 블록( )의 명령블록을 이용하여 코딩하기

❶ 스크래치 주니어를 실행한 후 **장면 추가( )**를 클릭하세요. 장면이 추가되면 **장면1을 선택**한 후 을 클릭하세요.

❷ 여러 가지 배경이 나오면 아래 그림과 같은 배경(Empty Room)을 선택한 후 'Tic' 캐릭터를 **중앙 위치**로 이동시키세요.

❸ **장면2를 선택**한 후 을 클릭하세요. 여러 가지 배경이 나오면 아래 그림과 같은 배경 (Underwater)을 선택한 후 'Tic' 캐릭터를 삭제하세요.

※ 'Tic' 캐릭터를 마우스 왼쪽 버튼으로 2초정도 누르면 삭제할 수 있어요.

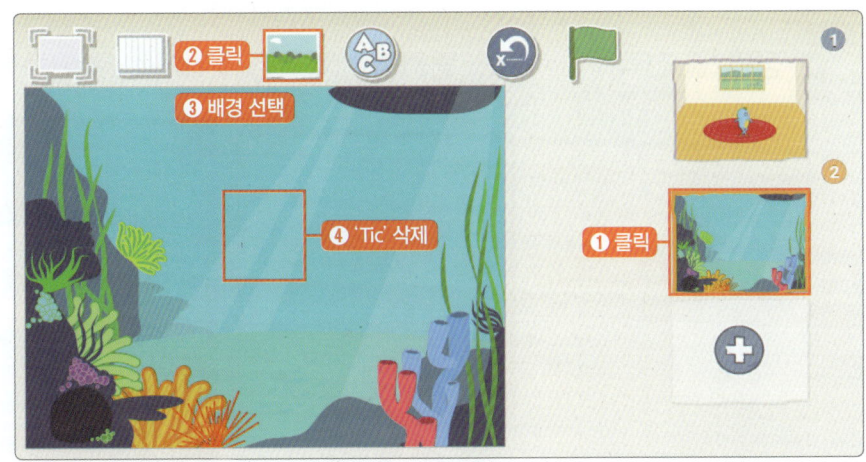

어린이 코딩 15일차 093

❹ **장면1을 선택**한 후 **이벤트 블록( ), 모양 블록( ), 동작 블록( )**을 이용하여 아래 그림처럼 코딩하세요.

※ 말하기 내용은 '아 졸립다. 좀 자야겠다~'와 '바닷속은 어떻게 생겼을까? zzz'로 각각 입력하세요.

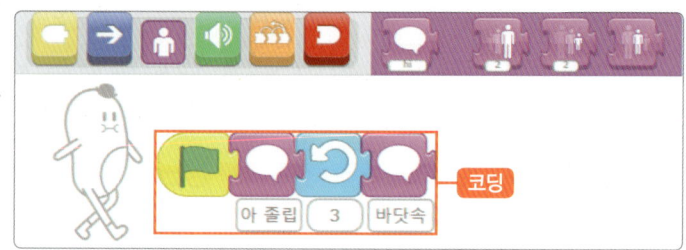

❺ **종료 블록( )**에서 명령블록을 맨 뒤에 연결하세요.

코딩풀이 : 무대 위의 초록색 깃발을 클릭하면 말을 한 후 뒤로 누워서 다시 말을 하고 장면을 두 번째 장면으로 전환시켜요.

오늘의 핵심 명령블록!!

: 현재 장면에서 지정된 장면으로 이동해요.

02 종료 블록( )의 명령블록을 이용하여 코딩하기

❶ **장면2를 선택**하여 아래 그림처럼 캐릭터를 추가시킨 후 위치를 이동시키세요.

❷ **초록색 'Fish' 캐릭터를 선택**한 후 **이벤트 블록( ), 제어 블록( ), 동작 블록( )**을 이용하여 아래 그림처럼 코딩하세요.

※ ▼을 클릭하여 🏃을 선택하세요.

❸ 이어서, **종료 블록( )**에서 🔄 명령블록을 맨 뒤에 연결하세요.

코딩풀이 : 초록색 깃발을 클릭하면 실행을 중지하기 전까지 빠른 속도로 계속 이동해요.

오늘의 핵심 명령블록!!

🔄 : 코딩 실행을 중지하기 전까지 계속 반복해서 실행해요.

❹ **노란색 'Fish' 캐릭터를 선택**한 후 똑같은 방법으로 아래 그림처럼 코딩하세요.

❺ **'Seahorse' 캐릭터를 선택**한 후 똑같은 방법으로 아래 그림처럼 코딩하세요.

❻ 코딩 작업이 끝나면 **'장면1'을 선택**하여 무대 위의 초록색 깃발( )을 클릭하세요. 'Tic' 캐릭터가 잠이 들면 '장면2'로 전환되는지 확인해 보세요.

※ 장면이 2개 이상인 경우에는 장면 전환 명령블록( )이 포함된 '장면1'을 선택한 후 초록색 깃발( )을 클릭해야 해요.

CHAPTER 16 어린이 코딩 16일차

손으로 배우는 어린이 코딩

01 사다리 보드 게임

- **준비물**: 주사위, 가위   - **인원**: 2~4명

사다리 보드 게임은 주사위를 굴려서 나온 숫자만큼 캐릭터가 이동하는 놀이로 숫자 100에 먼저 도착하는 사람이 승리하는 게임이에요. 사다리 보드 게임을 하기 위해서는 먼저 뒤쪽 [부록 CHAPTER 16]의 게임판을 점선에 맞추어 뜯은 후 위쪽에 있는 캐릭터를 가위로 오려서 말판으로 사용하세요. (가위로 오릴 때는 손을 다치지 않도록 조심하세요.^^) 사다리 게임은 최소 2명부터 최대 4명까지 함께 할 수 있는 보드 게임으로서 몇 가지 규칙이 있어요.

- 자신의 캐릭터를 시작 위치인 start에 올려놓고 게임을 시작해요.
- 자신의 차례에 주사위를 굴려 나온 숫자만큼 캐릭터를 이동할 수 있어요.
- 도착한 칸에 사다리가 있으면 사다리를 타고 위로 올라가요. 단, 위에서 아래로는 내려오지 못해요.
- 도착한 칸에 화살표가 있으면 화살표를 따라 내려가요. 단, 아래에서 위로는 올라가지 못해요.
- 97, 98, 99 칸에 도착하면 정확하게 100에 도착할 수 있는 숫자가 나오기 전까지 캐릭터를 움직일 수 없어요. 예를 들어 97에 도착했다면 주사위 눈이 3이 나와야만 100으로 이동할 수 있어요.

사다리 보드 게임

02 'START'를 기준으로 그림 오른쪽에 알파벳으로 표시된 장소(예 : 등대)까지 이동하기 위한 경로를 찾은 후 해당하는 이미지에 알파벳을 적어보세요.

— 준비물 : 연필

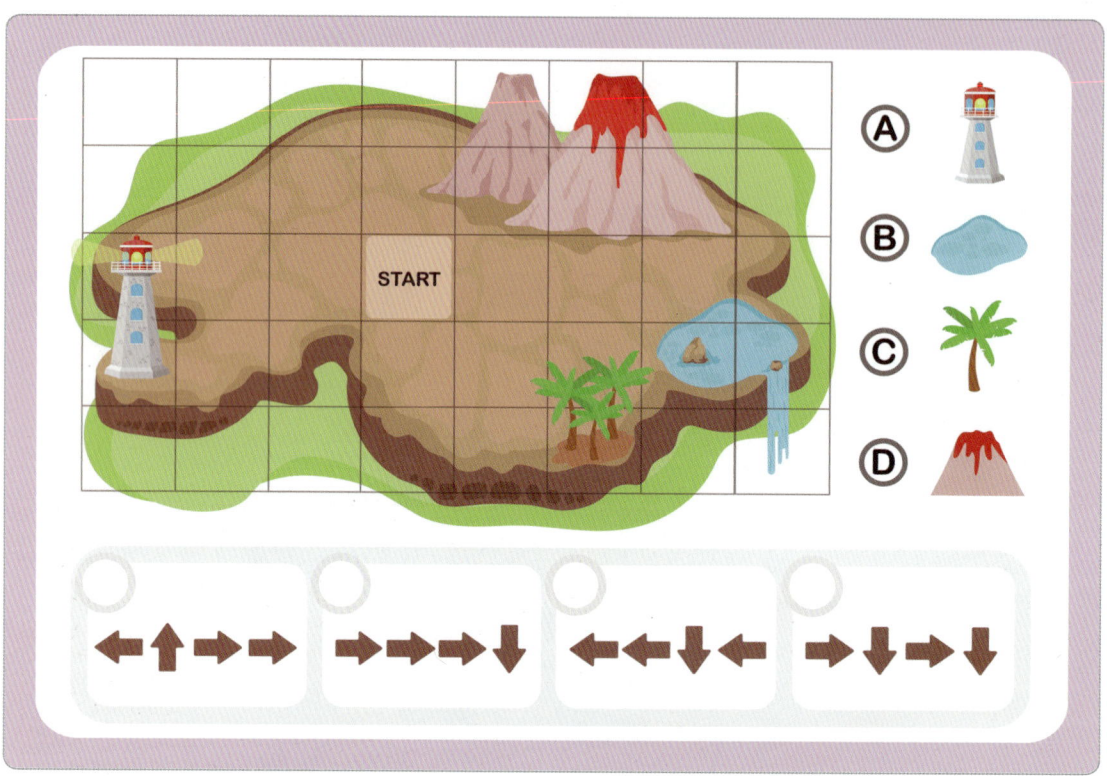

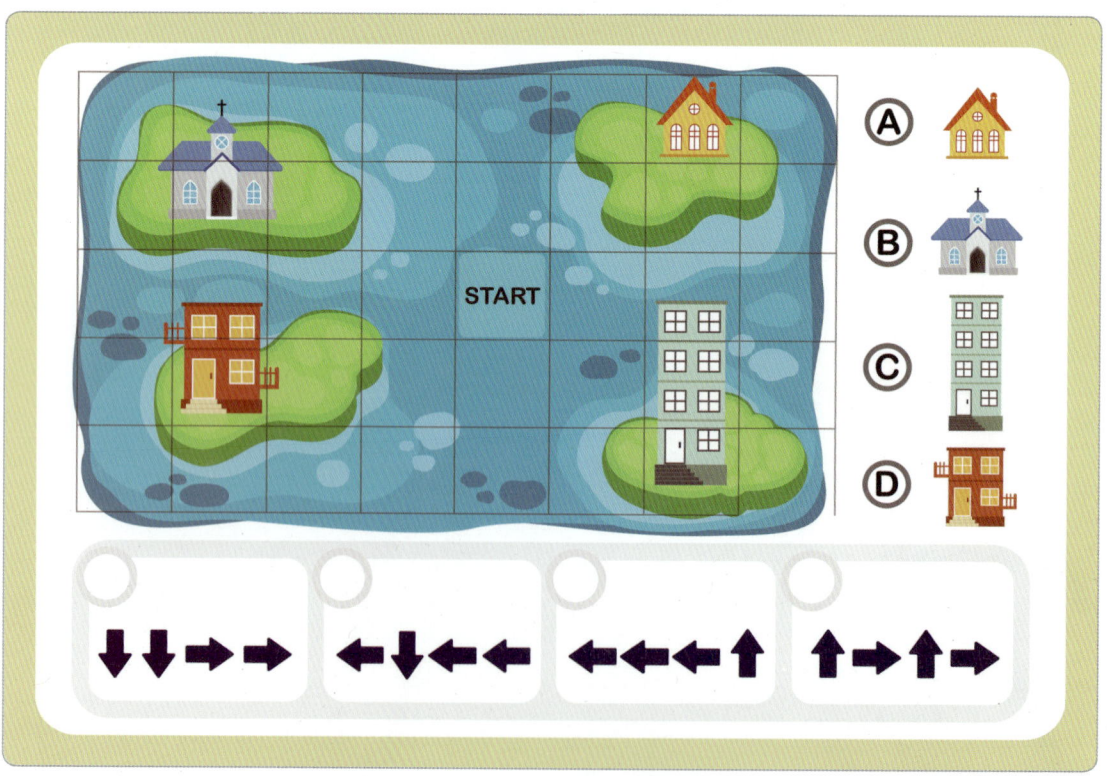

스크래치 주니어로 블록 코딩하기

01 봄 배경을 추가하여 예쁘게 꾸미기

❶ 스크래치 주니어를 실행한 후 을 클릭하세요. 여러 가지 배경이 나오면 **Spring**을 선택한 후 을 클릭하세요.

❷ 페인트 화면이 나오면 **이동하기( )**를 선택하세요. 이어서, **왼쪽 햇살**을 선택하여 위쪽으로 이동 시키세요.

❸ 똑같은 방법으로 **오른쪽 햇살**도 위쪽으로 이동시키세요.

❹ **복제하기(🖋)**를 클릭하세요. 이어서, 가운데 꽃밭을 클릭하여 복사한 후 복사된 꽃밭을 왼쪽으로 이동시키세요.

※ 특정 이미지를 복사하면 다음 작업을 위해 이동하기(🔼)로 바뀌어요.

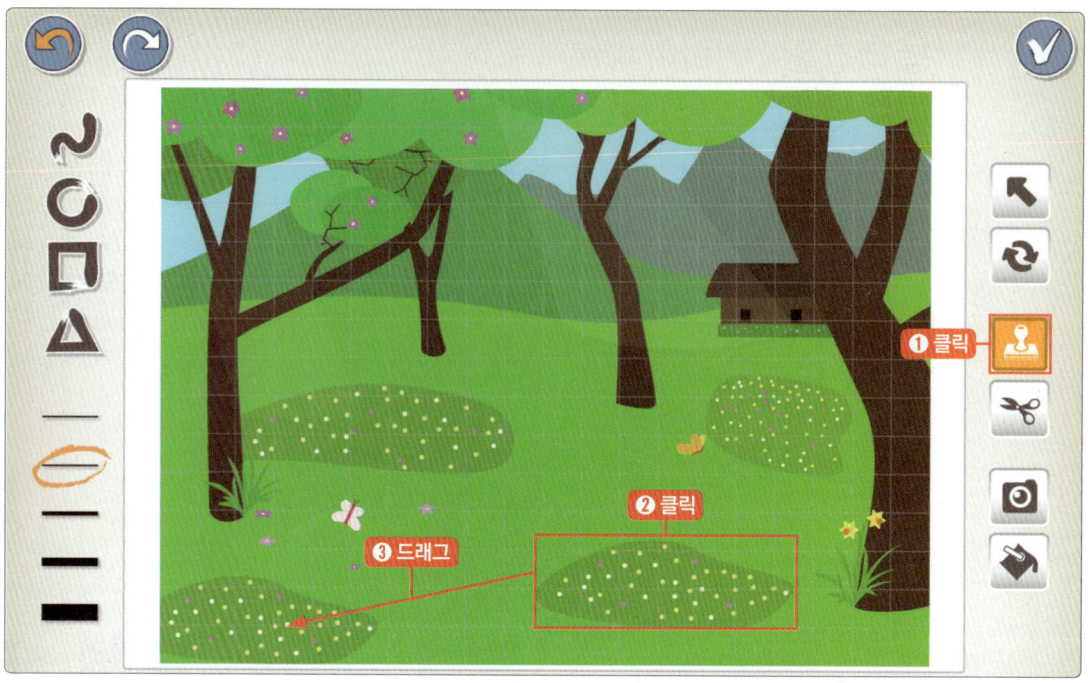

❺ **복제하기(🖋)**를 이용하여 아래 그림처럼 꽃과 나비들을 복제하여 이동시킨 후 **저장하기(✓)**를 클릭하세요.

※ 이동하기(🔼)를 이용하여 기존의 나비와 꽃들의 위치를 다른 곳으로 옮길 수 있어요.

※ 복제된 이미지를 지우기 위해서는 삭제하기(✂)를 선택한 후 해당 이미지를 클릭하면 배경에서 없어져요.

⑥ 화면이 전환되면 **텍스트 추가하기**( )를 클릭하여 '**봄**'을 입력한 후 **글자색을 흰색**으로 변경하세요. 이어서, 무대에 나타난 '봄' 글자를 왼쪽 아래로 이동시키세요.

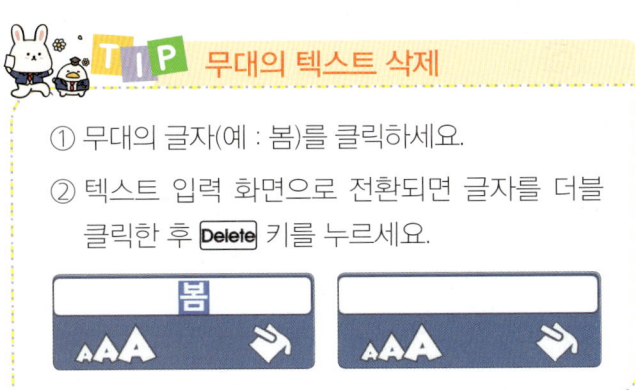

02 새로운 장면 및 배경(여름, 가을, 겨울)을 추가한 후 장면이 전환되도록 코딩하기

① 를 클릭하여 장면 3개를 추가하세요. 이어서, **장면2는 Summer, 장면3은 Fall, 장면4는 Winter**로 배경을 각각 추가한 후 '봄' 장면처럼 예쁘게 꾸며보세요.

▲ 장면2

▲ 장면3

▲ 장면4

② **장면1을 선택**한 후 아래 그림처럼 코딩하세요. 코딩이 끝나면 **장면2, 장면3, 장면4**에도 똑같은 방법으로 코딩하세요.

※ '장면2, 장면3'을 코딩할 때는 다음 화면 전환 명령 블록( )으로 연결하고, '장면4'는 로 연결하세요.
※ 말하기 내용은 '봄'이다!, '여름'이다!, '가을'이다!, '겨울'이다!로 입력하세요.

③ 코딩 작업이 끝나면 '**장면1'을 선택**한 후 무대 위의 초록색 깃발( )을 클릭하여 사계절이 바뀌는 것을 확인하세요.

어린이 코딩 17일차

손으로 배우는 어린이 코딩

01 QR 코드처럼 생긴 미로를 탈출해 보세요.

– **준비물** : 연필

02 ① ◆, ★, ♣, ●, ♥ 모양 위치의 x-y 좌표 값을 확인하여 적어보세요.
② x-y 좌표 값을 원하는 색으로 채우세요.

– 준비물 : 연필

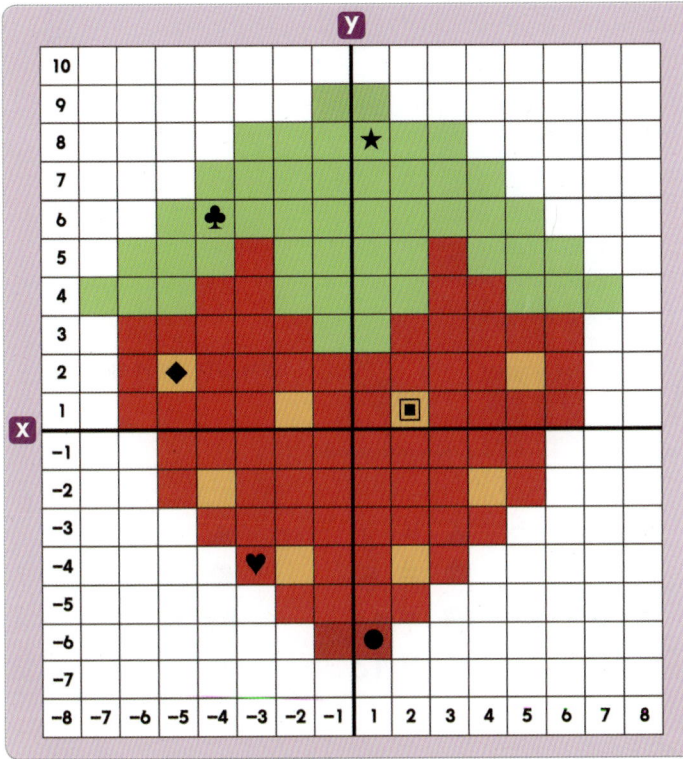

① x-y 좌표 값 적기

▣ x : 2 , y : 1
◆
★
♣
●
♥

② x-y 좌표 색 채우기

x : 5, y : 8   x : -7, y : -4
x : -5, y : 10   x : 8, y : -1
x : 3, y : 9   x : 6, y : 8

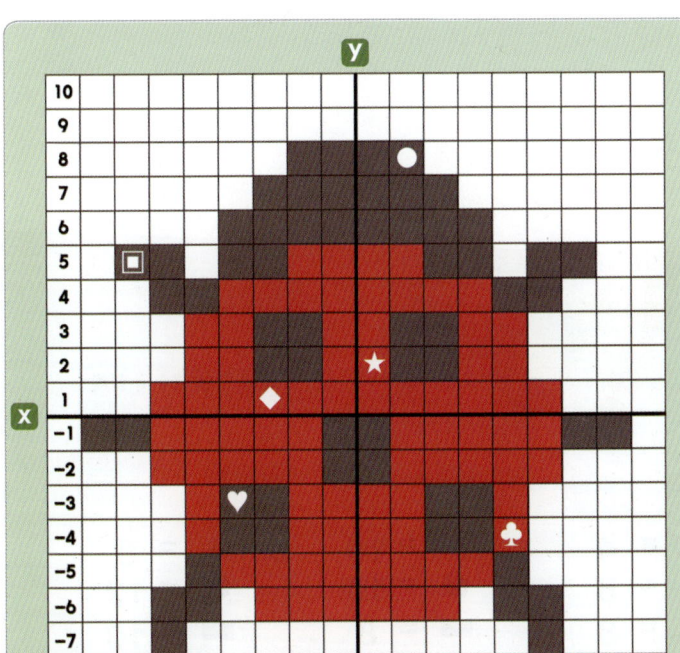

① x-y 좌표 값 적기

▣ x : -7 , y : 5
◆
★
♣
●
♥

② x-y 좌표 색 채우기

x : 3, y : 10   x : 8, y : -8
x : -7, y : 2   x : 1, y : 10
x : -5, y : 9   x : -2, y : -7

어린이 코딩 17일차 103

03 아래 이미지를 참고하여 도형(▲, ●, ▬, ■)의 개수를 맞춰본 후 전체 도형의 개수를 적어 보세요.

- 준비물 : 연필

스크래치 주니어로 블록 코딩하기

01 새로운 장면 및 배경을 추가한 후 배경 꾸미기

❶ 스크래치 주니어를 실행한 후 을 클릭하세요. 여러 가지 배경이 나오면 아래 그림과 같은 배경 **(City)**을 선택한 후 ✅을 클릭하세요.

❷ 페인트 화면이 나오면 **채우기**(🖌)가 선택된 상태에서 ⚫색을 클릭하세요. 이어서, **잔디 부분**과 **도로**를 클릭하여 색을 바꾼 후 **저장하기**(✅)를 클릭하세요.

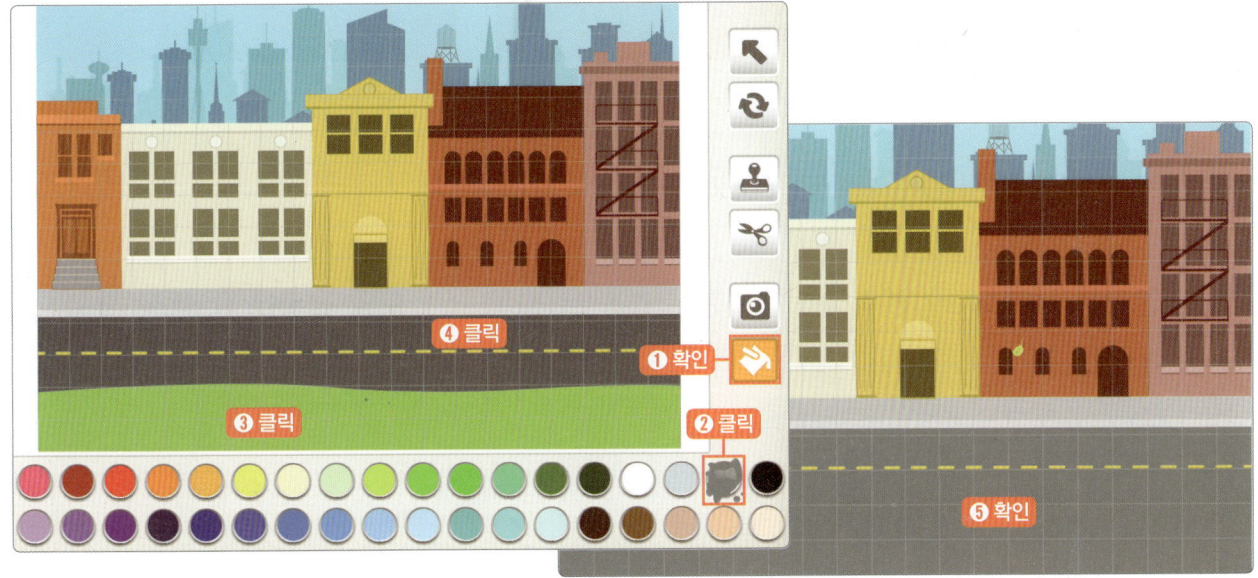

02 캐릭터를 추가한 후 얼굴 꾸미기

❶ 'Tic' 캐릭터를 삭제한 후 아래 그림과 같은 캐릭터를 추가하고 위치를 이동시키세요.

※ 캐릭터 : 빨간색 차(Driver), 파란색 차(Driver)

어린이 코딩 17일차 105

❷ '**빨간색 차(Driver)**' 캐릭터를 **선택**한 후 을 클릭하세요. 이어서, 페인트 화면이 나오면 여러 가지 도구를 이용하여 예쁘게 얼굴을 꾸며보세요.

❸ 똑같은 방법으로 '**파란색 차(Driver)**' 캐릭터의 얼굴도 멋있게 꾸며보세요.

  ※ 사용 도구 :

03 빨간색 차(Driver) 코딩하기

❶ '**빨간색 차(Driver)**' 캐릭터를 **선택**한 후 **이벤트 블록( )**, **모양 블록( )**, **동작 블록( )**, **종료 블록( )**을 이용하여 아래 그림처럼 코딩하세요.

  코딩풀이 : 무대 위의 초록색 깃발을 클릭하면 크기를 줄인 후 오른쪽으로 계속 이동을 해요.

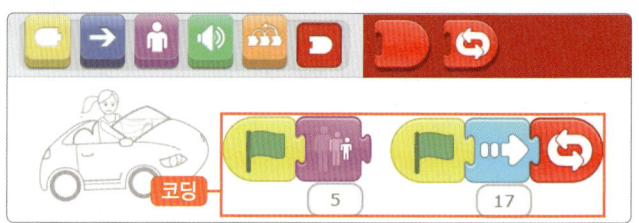

❷ 이어서, **이벤트 블록( )**과 **모양 블록( )**을 이용하여 아래 그림처럼 코딩하세요.

  ※ 말하기 내용은 '마트 가니?'로 입력하세요.

  코딩풀이 : 오른쪽으로 이동하는 도중에 '파란색 차(Driver)'에 닿으면 말을 한 후 빨간색 메시지를 보내요.

04 파란색 차(Driver) 코딩하기

❶ **파란색 차(Driver)** 캐릭터를 **선택**한 후 **이벤트 블록**(🟡), **모양 블록**(🟣), **동작 블록**(→), **종료 블록**(🟥)을 이용하여 아래 그림처럼 코딩하세요.

> 🟢 코딩풀이 : 무대 위의 초록색 깃발을 클릭하면 크기를 줄인 후 왼쪽으로 계속 이동을 해요.

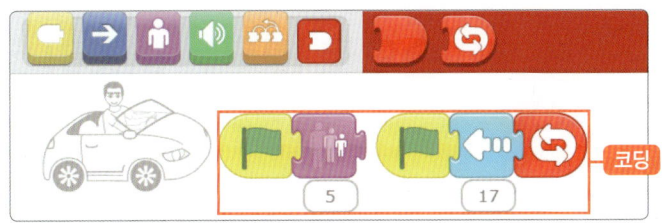

❷ 이어서, **이벤트 블록**(🟡)과 **모양 블록**(🟣)을 이용하여 아래 그림처럼 코딩하세요.

   ※ 말하기 내용은 '응! 아니야~'로 입력하세요.

> 🟢 코딩풀이 : '빨간색 차(Driver)'에서 보낸 빨간색 메시지를 받으면 말을 해요.

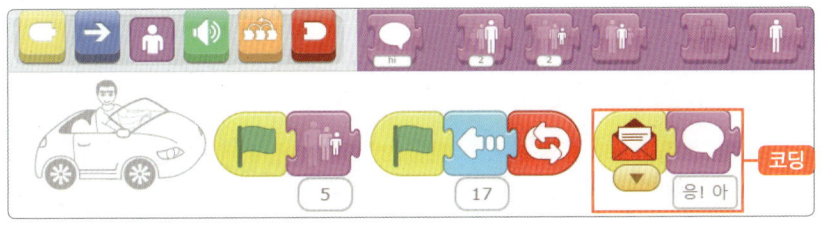

❸ 코딩 작업이 끝나면 무대 위의 초록색 깃발(🟢)을 클릭하여 코딩 내용을 확인해 보세요.

   ※ 만약, 빨간색 차가 파란색 차 뒤쪽으로 겹쳐질 경우 무대의 빨간색 차를 마우스로 조금만 이동시킨 후 다시 실행해 보세요.

CHAPTER 18

어린이 코딩 18일차

손으로 배우는 어린이 코딩

01 아래 이미지를 참고하여 각각의 곰돌이 얼굴 표정을 찾아서 그린 후 한 개의 얼굴 표정이 몇 번 반복해서 나오는지 개수도 함께 적어보세요.

— 준비물 : 연필, 색연필

02 조건을 확인한 후 빈 칸에 들어갈 이미지를 찾아서 그려보세요.

– 준비물 : 연필, 색연필

03 아래 이미지를 참고하여 물음표(?)에 들어갈 이미지를 찾아보세요.

- 준비물 : 연필

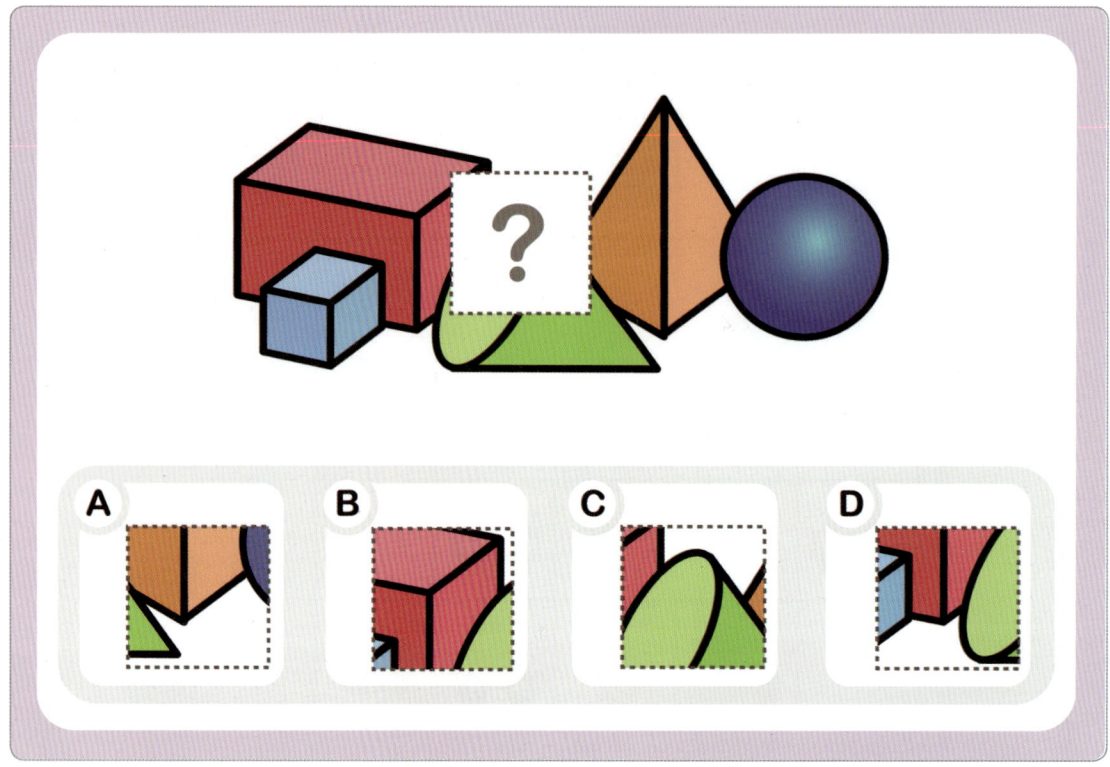

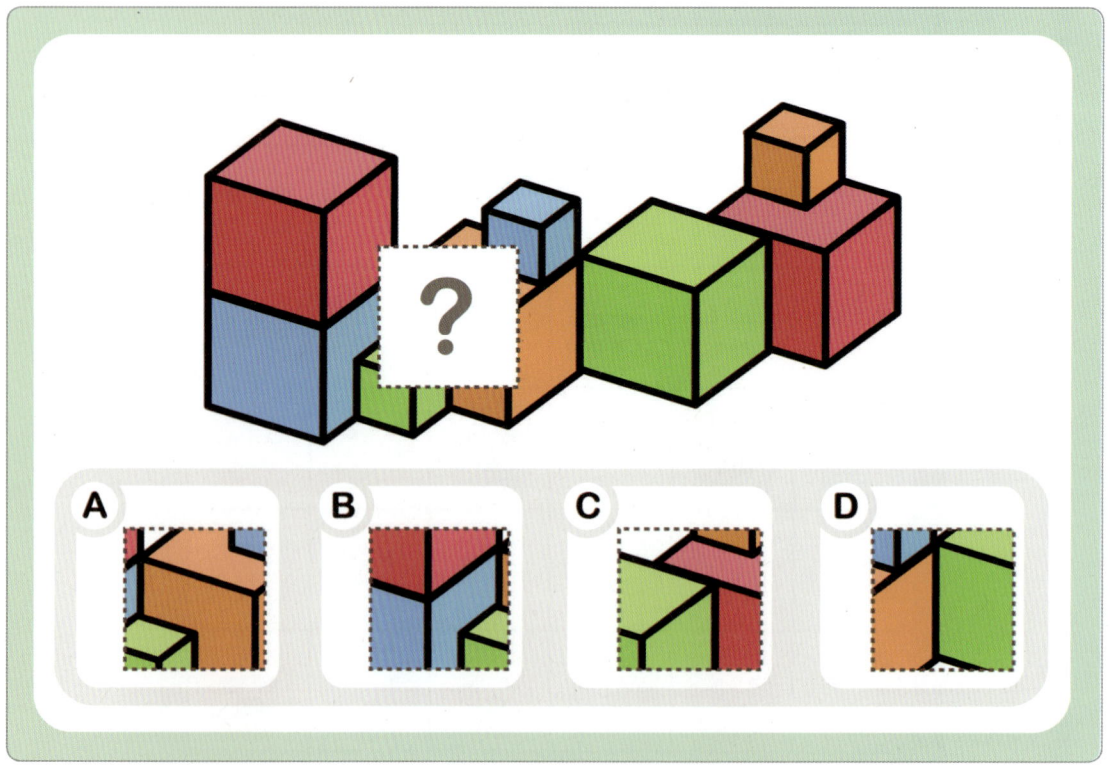

스크래치 주니어로 블록 코딩하기

01 새로운 장면, 배경 및 캐릭터 추가하기

❶ 스크래치 주니어를 실행한 후 아래 그림과 같은 배경(Classroom)을 추가하세요. 이어서, 장면을 추가한 후 배경(Library)을 넣어보세요.

▲ 장면1 배경-Classroom

▲ 장면2 배경-Library

❷ '장면1'과 '장면2'의 'Tic' 캐릭터를 모두 삭제하세요. 이어서, '장면1'과 '장면2'에 아래 그림과 같은 캐릭터를 추가한 후 위치를 이동시키세요.

※ 장면1 캐릭터 : 여자 아이(Child), 장면2 캐릭터 : 닭(Chicken)

▲ 장면1 캐릭터 추가

▲ 장면2 캐릭터 추가

어린이 코딩 18일차

02 장면1 코딩하기

❶ '**장면1**'을 **선택**한 후 **이벤트 블록**( ), **모양 블록**( ), **제어 블록**( )을 이용하여 아래 그림처럼 코딩하세요.

 ※ 말하기 내용은 '누가 우리 닭돌이 못 봤니?'로 입력하세요.

❷ **동작 블록**( )과 **모양 블록**( )을 이용하여 아래 그림처럼 코딩하세요.

 ※ 말하기 내용은 '여기도 없네?'로 입력하세요.

 코딩풀이 : 무대 위의 초록색 깃발을 클릭하면 말을 한 후 지정된 방향(무대 우측)으로 빠르게 이동하고 다시 말을 해요.

❸ **동작 블록**( )과 **모양 블록**( )을 이용하여 아래 그림처럼 코딩하세요.

 ※ 말하기 내용은 '닭돌아 어디에 있니?'로 입력하세요.
 ※ 이동 방향에 음수 값(-7, -5, -8)을 입력하면 해당 방향의 반대쪽으로 이동을 해요.

 코딩풀이 : 초록색 깃발을 클릭하여 실행을 하면 음수 값이 적용되어 '왼쪽으로 7만큼, 아래쪽으로 5만큼, 왼쪽으로 8만큼' 이동을 해요.

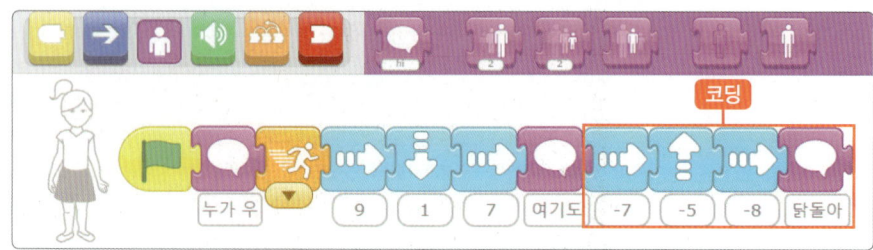

TIP 음수 기호 입력

음수 기호를 입력하기 위해서는 화면 오른쪽의 키패드에서 - 를 클릭하세요.

④ 제어 블록( )과 종료 블록( )을 이용하여 아래 그림처럼 코딩하세요.

코딩풀이 : 무대를 이동하면서 닭돌이를 찾은 후 1초 뒤에 장면2로 전환돼요.

03 장면2 코딩하기

① '장면2'를 선택한 후 이벤트 블록( ), 모양 블록( ), 동작 블록( )을 이용하여 아래 그림처럼 코딩하세요.

※ 말하기 내용은 '저! 여기에 있어요~'로 입력하세요.

코딩풀이 : 장면2로 전환되면 'Chicken'이 말을 한 후 오른쪽 이동 → 점프 → 왼쪽으로 이동하여 제자리로 돌아와요.

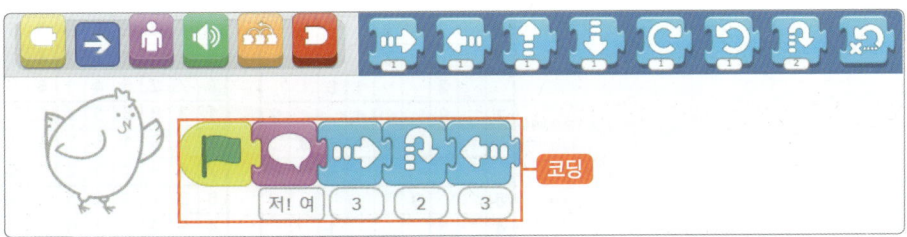

② 닭돌이가 책상 위를 계속 왔다 갔다 할 수 있도록 **종료 블록**( )을 이용하여 오른쪽 그림처럼 코딩하세요.

③ 코딩 작업이 끝나면 '**장면1**'을 **선택**한 후 무대 위의 초록색 깃발( )을 클릭하여 코딩 내용을 확인해 보세요.

CHAPTER 19 어린이 코딩 19일차

손으로 배우는 어린이 코딩

01 스도쿠

- 준비물 : 연필   - 인원 : 혼자

스도쿠는 가로와 세로가 9칸으로 이루어져 있는 표 안에 1부터 9까지의 숫자를 채워 넣는 숫자 퍼즐 게임이에요. 스도쿠는 스위스 수학자인 레온하르트 오일러가 창안한 Latin Square를 기반으로 하여 1979년에 미국의 건축가인 '하워드 간스'가 현재의 스도쿠 모습으로 변형하였어요. 그 이후 1984년에 '니코리'라는 일본 출판사에서 발행한 '퍼즐 통신 니코리' 잡지에 '스도쿠'라는 이름이 사용되면서 전 세계에 펴져나갔어요.

스도쿠 규칙

❶ 3×3   : 숫자가 1부터 9까지 하나씩만 들어가야 해요.
❷ 가로줄 : 숫자가 1부터 9까지 하나씩만 들어가야 해요.
❸ 세로줄 : 숫자가 1부터 9까지 하나씩만 들어가야 해요.

▲ 스도쿠 문제   ▲ ❶ 3×3 칸

▲ ❷ 가로줄   ▲ ❸ 세로줄

6		3	2		1		8	7
9	1				6		3	
		7		4	3			6
4			3					
	7	1		6	9		4	
	9		4			8	7	
		8		2	4	6		
2					7		5	
1				5			2	9

6	4	3	9	7				2
8	1				4	9		
		9		8		3		4
	3				5		2	
			1	9	7		6	
	7	6						9
2	8		7					
5				6		2		
				5		1	4	

02 도형을 참고하여 물음표(?)에 들어갈 도형을 찾아보세요.

– 준비물 : 연필

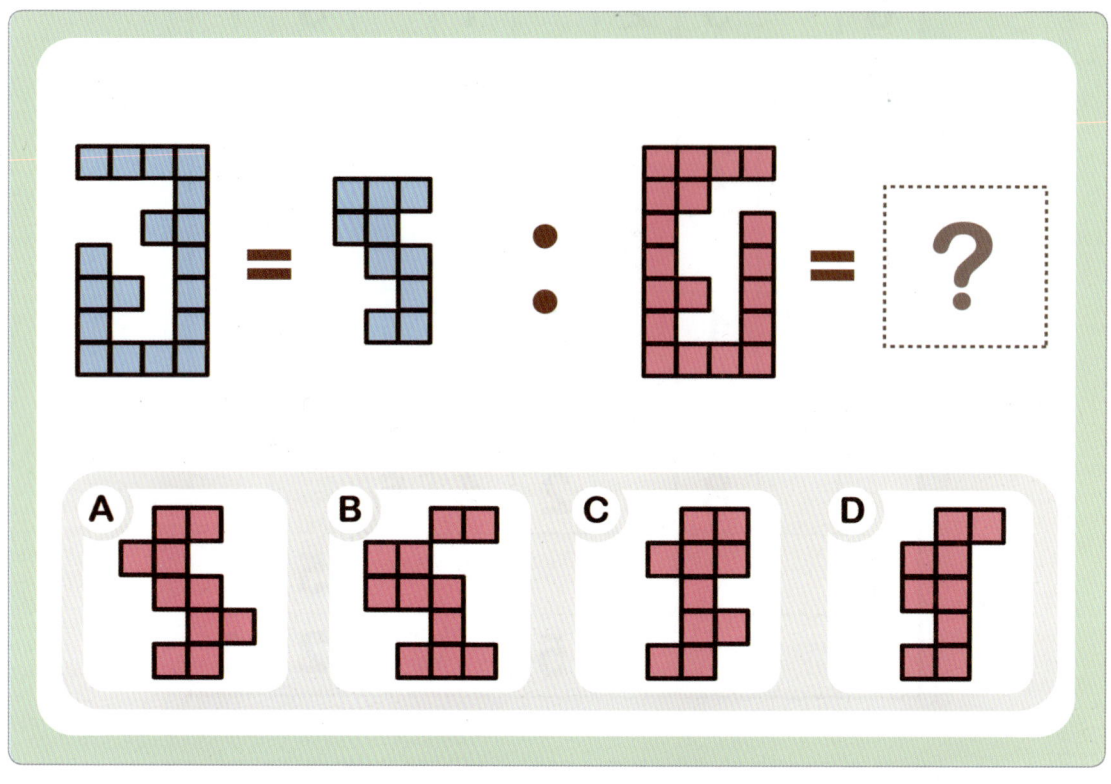

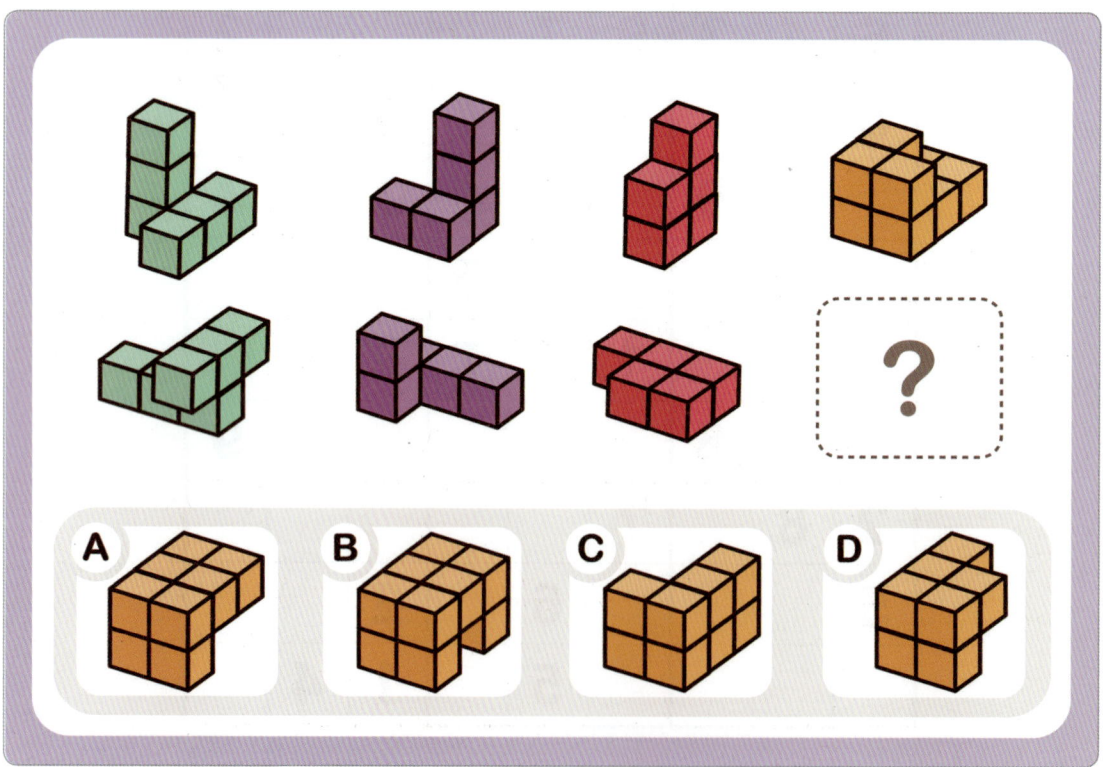

스크래치 주니어로 블록 코딩하기

01 배경 및 캐릭터 추가하기

❶ 스크래치 주니어를 실행한 후 아래 그림과 같은 배경(Gym)을 추가하세요.

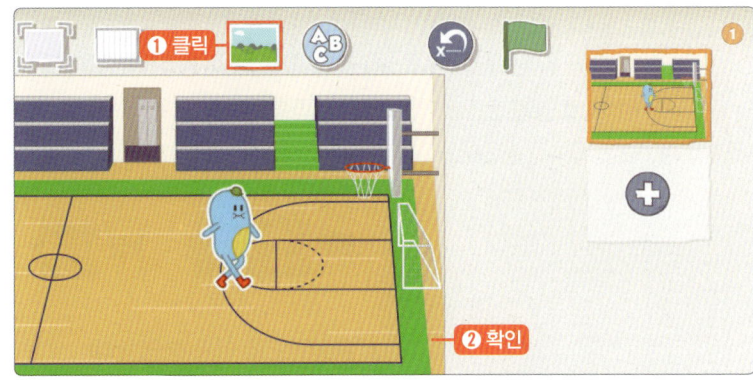

❷ 아래 그림과 같은 캐릭터(Basketball)를 추가한 후 'Tic'과 'Basketball' 위치를 이동시키세요.

02 'Tic' 및 'Basketball' 캐릭터 코딩하기

❶ 'Tic' 캐릭터를 선택한 후 이벤트 블록( )과 동작 블록( )을 이용하여 아래 그림처럼 코딩하세요.

코딩풀이 : 무대 위의 초록색 깃발을 클릭하면 오른쪽으로 이동하다가 점프를 한 후 빨간색 메시지를 보내요.

 **병행처리**

① 농구공을 바닥에 튕기면서 앞으로 이동하려면 두 개로 나누어 코딩을 해야 해요. 만약, 하나로 연결하여 코딩을 한다면 원하는 결과를 얻을 수 없어요.

② 'Basketball' 캐릭터를 선택한 후 아래와 같이 코딩하여 실행하면 결과가 어떻게 다른지 확인해 보세요.

 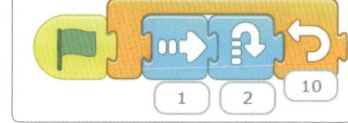

▲ 병행처리(두 개로 나누어 코딩)　　▲ 순차처리(하나로 연결하여 코딩)

③ 농구공을 던졌을 때 포물선(곡선)으로 이동하려면 역시 두 개로 나누어 코딩을 해야 해요. 만약, 하나로 연결하여 코딩을 한다면 원하는 결과를 얻을 수 없어요.

④ 'Basketball' 캐릭터를 선택한 후 아래와 같이 코딩하여 실행하면 결과가 어떻게 다른지 확인해 보세요.

▲ 포물선으로 이동(병행처리)　　▲ 계단식으로 이동(순차처리)

❷ 'Basketball' 캐릭터를 선택한 후 **이벤트 블록**( )과 **동작 블록**( )을 이용하여 아래 그림처럼 코딩하세요.

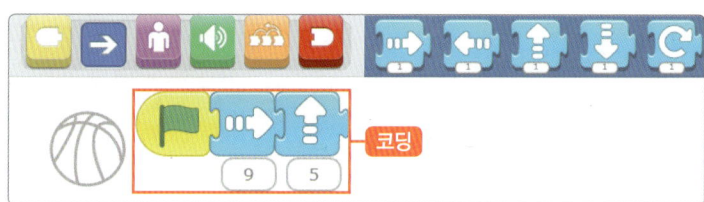

❸ 이어서, **이벤트 블록**( ), **제어 블록**( ), **동작 블록**( )을 이용하여 아래 그림처럼 코딩하세요.

코딩풀이 : 무대 위의 초록색 깃발을 클릭하면 바닥에 공이 튕기며 오른쪽으로 이동하다가 골대 근처에서 위쪽으로 이동해요.

❹ **이벤트 블록(▢)과 동작 블록(→)**을 이용하여 아래 그림처럼 코딩하세요.

　[코딩풀이] : 'Tic'이 빨간색 메시지를 보내면 농구공이 포물선으로 이동할 수 있도록 '앞으로 이동'과 '위에서 아래로 이동'을 동시에 실행해요.

❺ **이벤트 블록(▢), 제어 블록(▦), 동작 블록(→)**을 이용하여 아래 그림처럼 코딩하세요.

　[코딩풀이] : 농구 공이 골대로 날아갈 때 시계방향으로 회전을 해요. 즉, 빨간색 메시지를 받으면 3개의 코드가 동시에 실행되어 농구공이 농구 골대 쪽으로 회전을 하면서 포물선으로 이동을 해요.

❻ 코딩 작업이 끝나면 무대 위의 초록색 깃발(🚩)을 클릭하여 코딩 내용을 확인해 보세요.

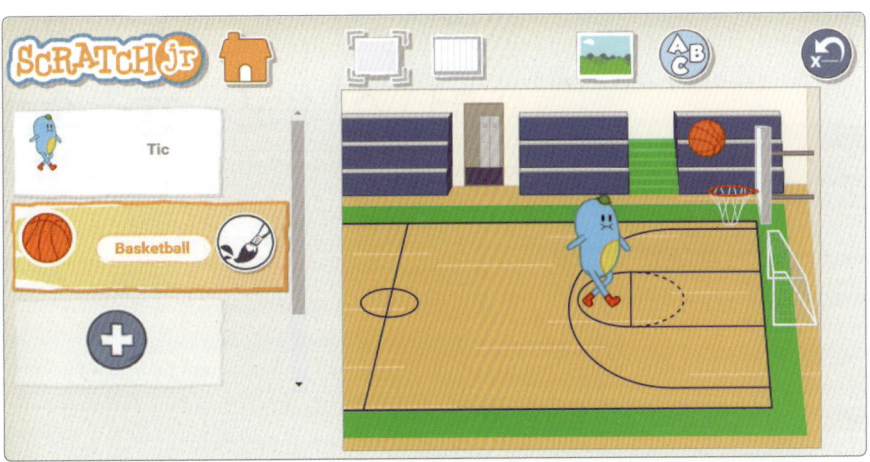

CHAPTER 20 어린이 코딩 20일차

손으로 배우는 어린이 코딩

01 아래 낱말 퍼즐을 이용하여 한국을 빛낸 위인들을 찾아서 적어보세요.

- 준비물 : 연필

안	김	보	몽	정	혁
대	이	영	신	당	영
방	정	세	순	꺽	주
사	임	정	중	환	장
최	이	근	신	임	유
거	신	고	율	조	곡

한국을 빛낸 위인들

02 순서도 기호와 작성 내용을 참고하여 횡단보도를 건너는 순서도를 완성시켜 보세요.

- 준비물 : 연필

<순서도 작성 내용>
기다린다, 횡단보도 뒤에 선다, 횡단보도를 건너간다, 신호등을 본다, 초록색인가?

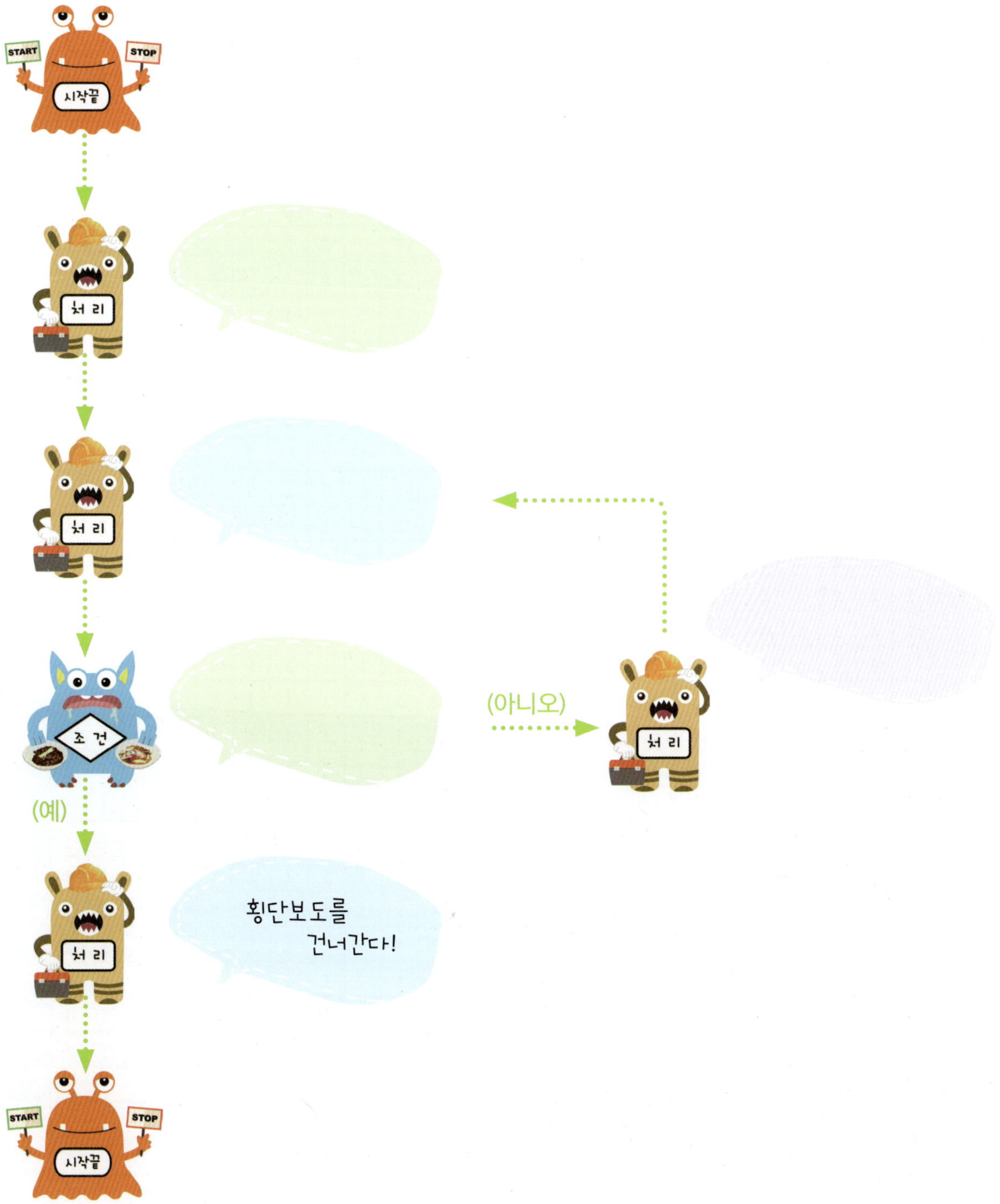

(예)

(아니오)

횡단보도를
   건너간다!

어린이 코딩 20일차 121

03 번호에 맞는 색상으로 예쁘게 색칠해 보세요. 과연 어떤 그림이 완성될까요?

– 준비물 : 색연필

스크래치 주니어로 블록 코딩하기

01 새로운 장면, 배경 및 캐릭터 추가하기

❶ 스크래치 주니어를 실행한 후 아래 그림과 같은 배경(**Moon**)을 추가하세요. 이어서, 장면을 추가하고 배경(**Savannah**)을 선택하여 '나무'와 '풀'들을 삭제한 후 장면 2에 추가하세요.

※ 배경(Savannah)을 선택한 후 을 클릭하세요. 이어서, '삭제하기( )'를 선택한 후 '나무'와 '풀'들을 삭제하세요.

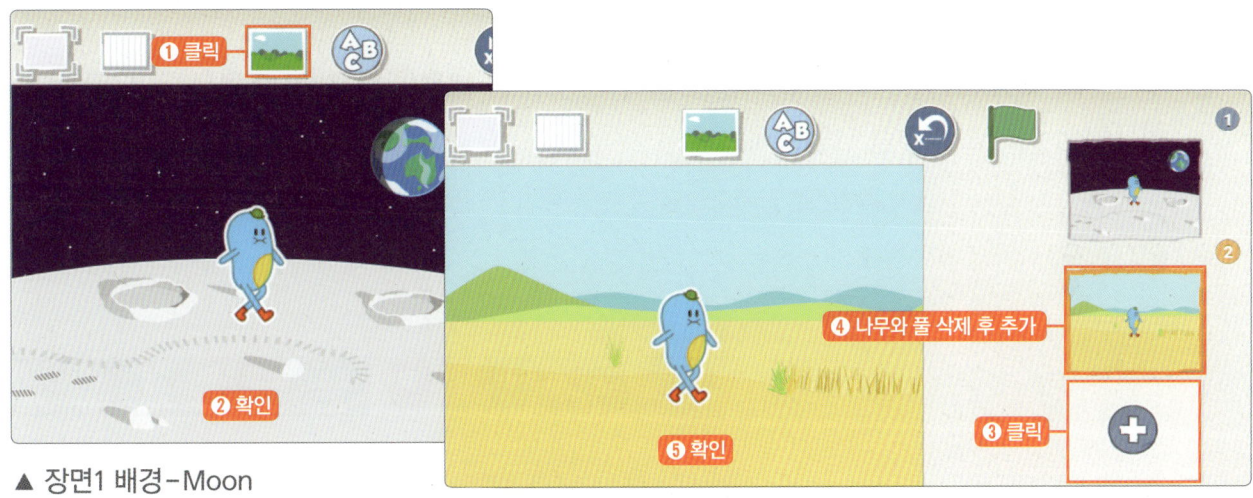

▲ 장면1 배경-Moon

▲ 장면2 배경-Savannah

❷ '장면1'의 'Tic' 캐릭터를 삭제하세요. 이어서, '장면1'과 '장면2'에 아래 그림과 같이 캐릭터를 추가한 후 위치를 이동시키세요.

※ 장면1 캐릭터 : 지구(Earth), 로켓(Rocket), 장면2 캐릭터 : 로켓(Rocket)
※ 지구(Earth) 캐릭터는 우주 배경의 지구 위로 이동시키세요.

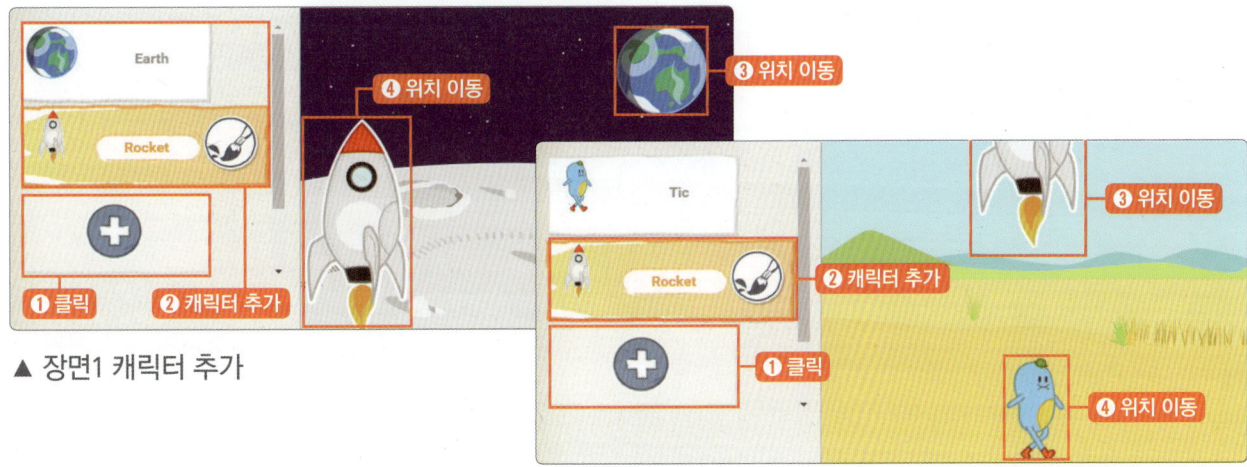

▲ 장면1 캐릭터 추가

▲ 장면2 캐릭터 추가

02. 장면1 코딩하기

❶ '장면1'의 'Earth'를 선택한 후 **이벤트 블록**( )과 **종료 블록**( )을 이용하여 아래 그림처럼 코딩하세요.

> **코딩풀이** : '지구(Earth)'에 '로켓(Rocket)'이 닿으면 '장면2'로 전환돼요.

❷ '장면1'의 'Rocket'을 선택한 후 **이벤트 블록**( ), **모양 블록**( ), **제어 블록**( ), **동작 블록**( )을 이용하여 아래 그림처럼 코딩하세요.

※ 말하기 내용은 '달에서 출발!'로 입력하세요.

> **코딩풀이** : 무대 위의 초록색 깃발을 클릭하면 말을 한 후 느린 속도로 위로 7칸 이동 → 3시 방향으로 회전을 해요. 이어서, 빠른 속도로 앞으로 12칸을 이동하여 지구에 도착해요.

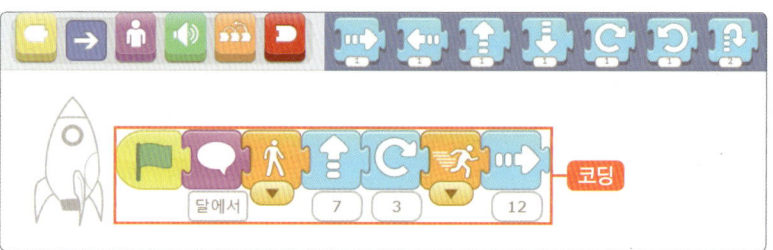

❸ 이어서, **이벤트 블록**( ), **제어 블록**( ), **모양 블록**( )을 이용하여 아래 그림처럼 코딩하세요.

> **코딩풀이** : 무대 위의 초록색 깃발을 클릭하면 1초 뒤에 크기를 1만큼씩 7번 반복해서 줄여요. 즉, 로켓(Rocket)이 위로 7만큼 이동할 때 크기도 점점 작아져요.

03 장면2 코딩하기

❶ '장면2'의 'Rocket'을 선택한 후 이벤트 블록( ), 제어 블록( ), 동작 블록( ), 모양 블록( )을 이용하여 아래 그림처럼 코딩하세요.

> 코딩풀이 : '장면2'로 전환되면 1초 후에 착륙을 하기 위해 아래쪽으로 이동한 후 빨간색 메시지를 'Tic'에게 보내요. 로켓이 아래쪽으로 이동할 때 크기도 1만큼씩 10번 반복하며 점점 커져요.

❷ '장면2'의 'Tic'을 선택한 후 이벤트 블록( ), 동작 블록( ), 모양 블록( )을 이용하여 아래 그림처럼 코딩하세요.

❸ 이어서, **모양 블록**( )에서 ![] 명령블록을 블록 코딩 영역으로 끌어다 놓은 후 명령블록을 클릭하여 무대에서 'Tic'이 보이지 않도록 숨기세요.

※ 말하기 내용은 '지구에 도착!'으로 입력하세요.

> 코딩풀이 : 'Rocket'이 보낸 빨간색 메시지를 받으면 숨겨져 있던 'Tic'이 앞으로 이동한 후 무대에 나타나 말을 해요.

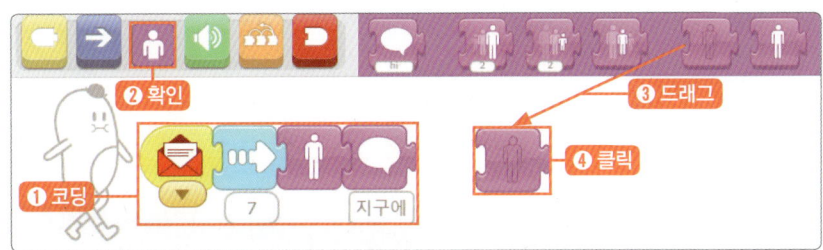

❹ 코딩 작업이 끝나면 **'장면1'을 선택**한 후 무대 위의 초록색 깃발( )을 클릭하세요. 로켓이 달에서 출발하여 지구에 무사히 도착하는지 확인해 보세요.

손으로 배우는 어린이 코딩

01 알파벳을 시작점으로 하여 파이프가 연결된 순서를 확인한 후 연결 순서에 맞는 이미지를 찾아서 알파벳을 적어보세요.

— 준비물 : 연필

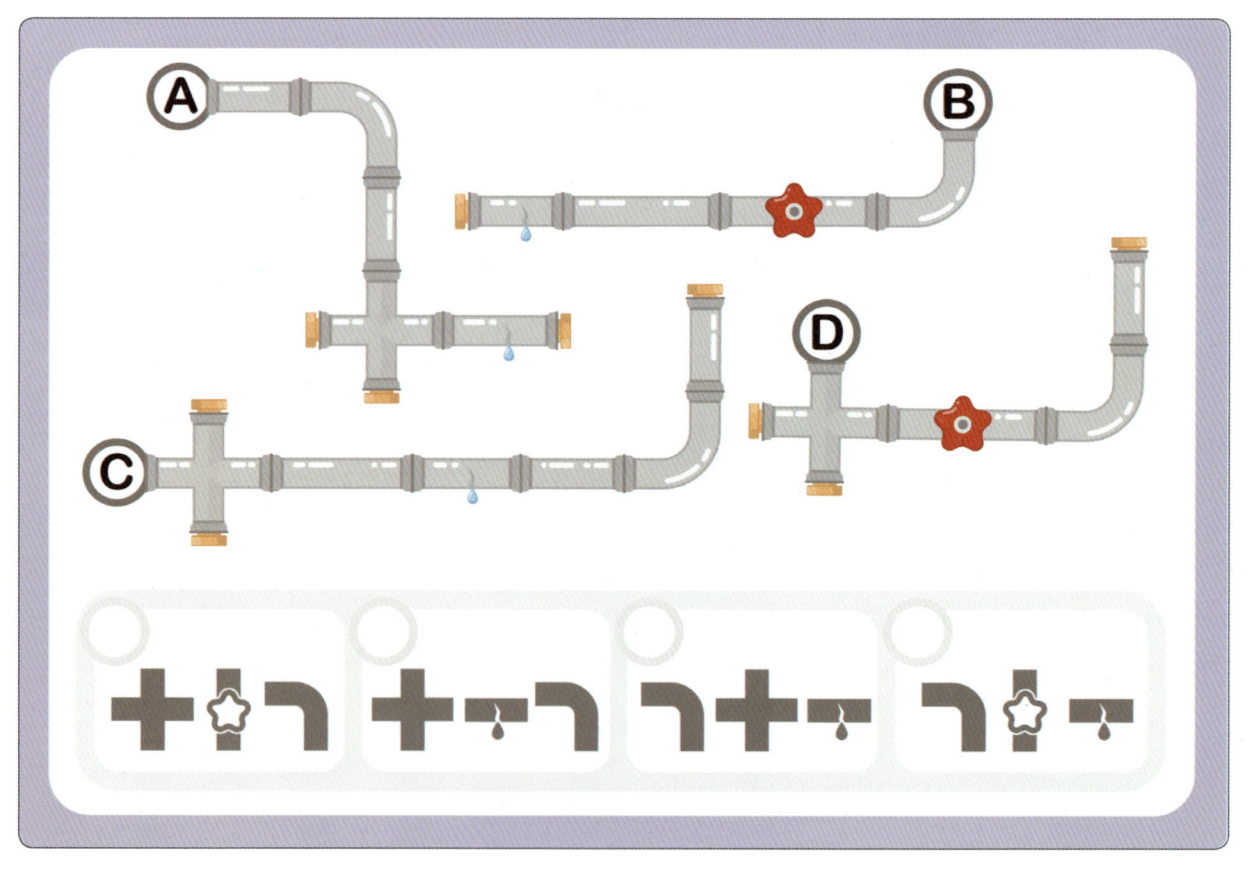

02 아래 이미지에 맞게 도형의 조각을 맞춰보세요. 단, 뒤쪽 [부록 CHAPTER 21]의 도형 조각을 가위로 오려서 사용하세요.

– 준비물 : 가위

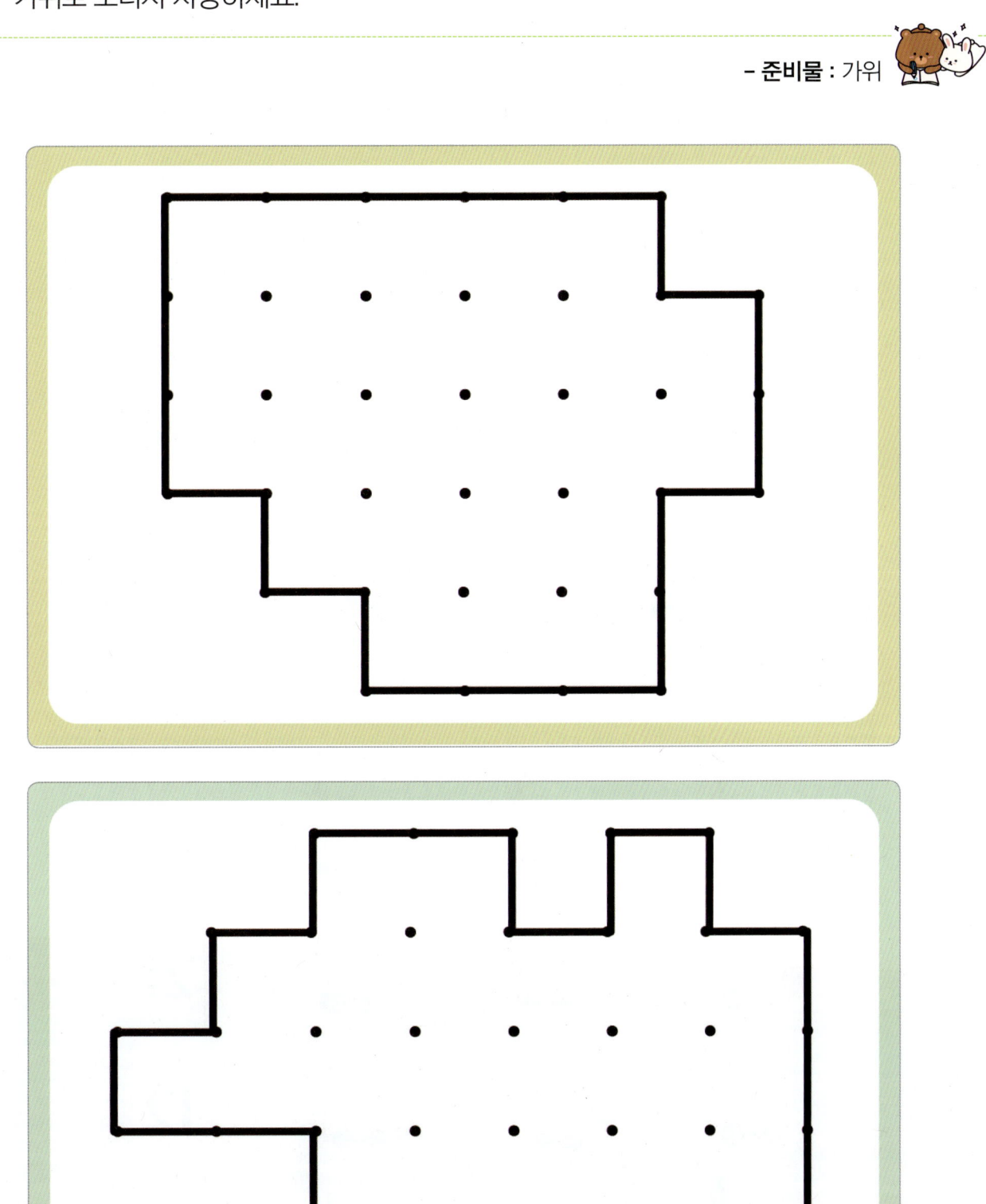

03 숫자 패턴을 확인하여 빈 칸에 들어갈 값을 적어보세요.

- 준비물 : 연필

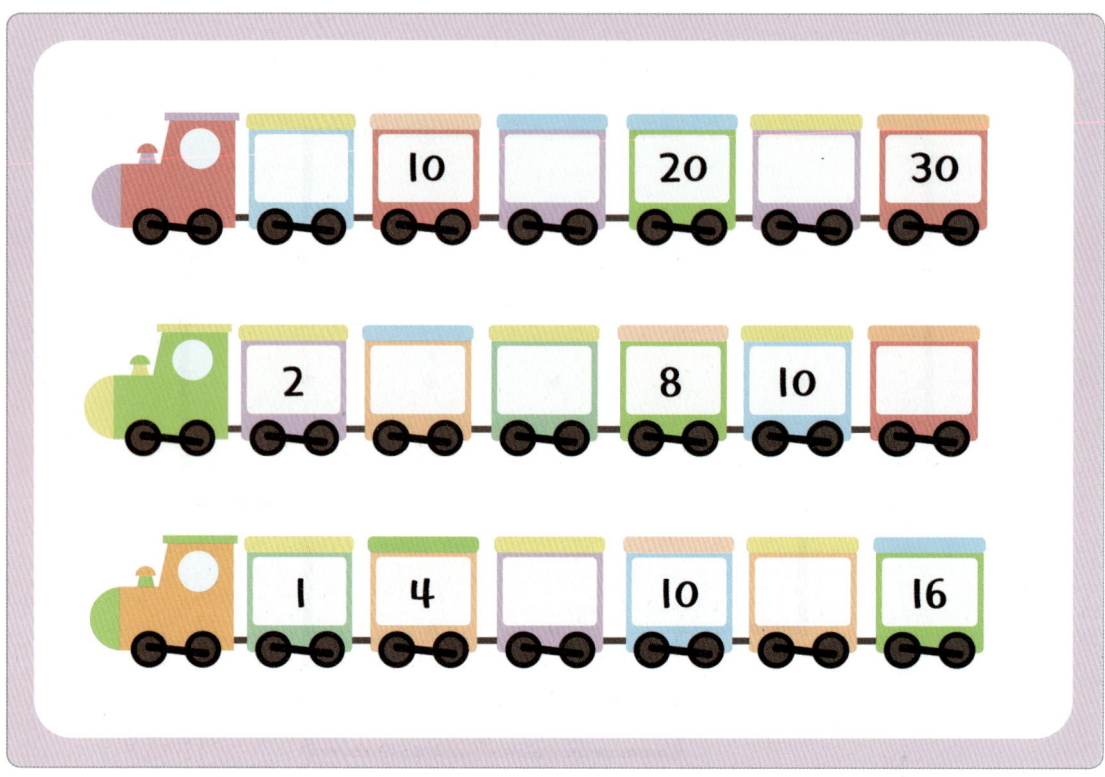

스크래치 주니어로 블록 코딩하기

01 새로운 장면, 배경 및 캐릭터 추가하기

① 스크래치 주니어를 실행한 후 장면을 추가하세요. 이어서, 아래 그림과 같은 배경(Theatre)을 각각 추가하세요.

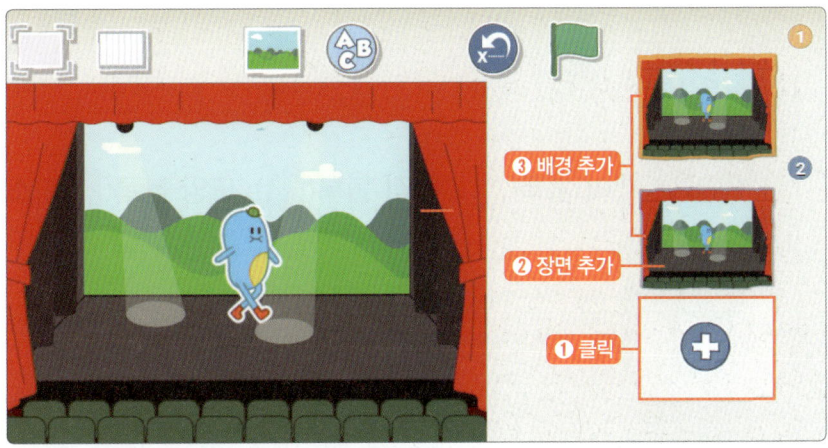

② '장면1'과 '장면2'의 'Tic' 캐릭터를 모두 삭제하세요. 이어서, '장면1'과 '장면2'에 아래 그림과 같은 캐릭터를 추가한 후 위치를 이동시키세요.

※ 장면1 캐릭터 : 남자 아이(Teen), 장면2 캐릭터 : 여자 아이(Teen), 남자 아이(Teen)

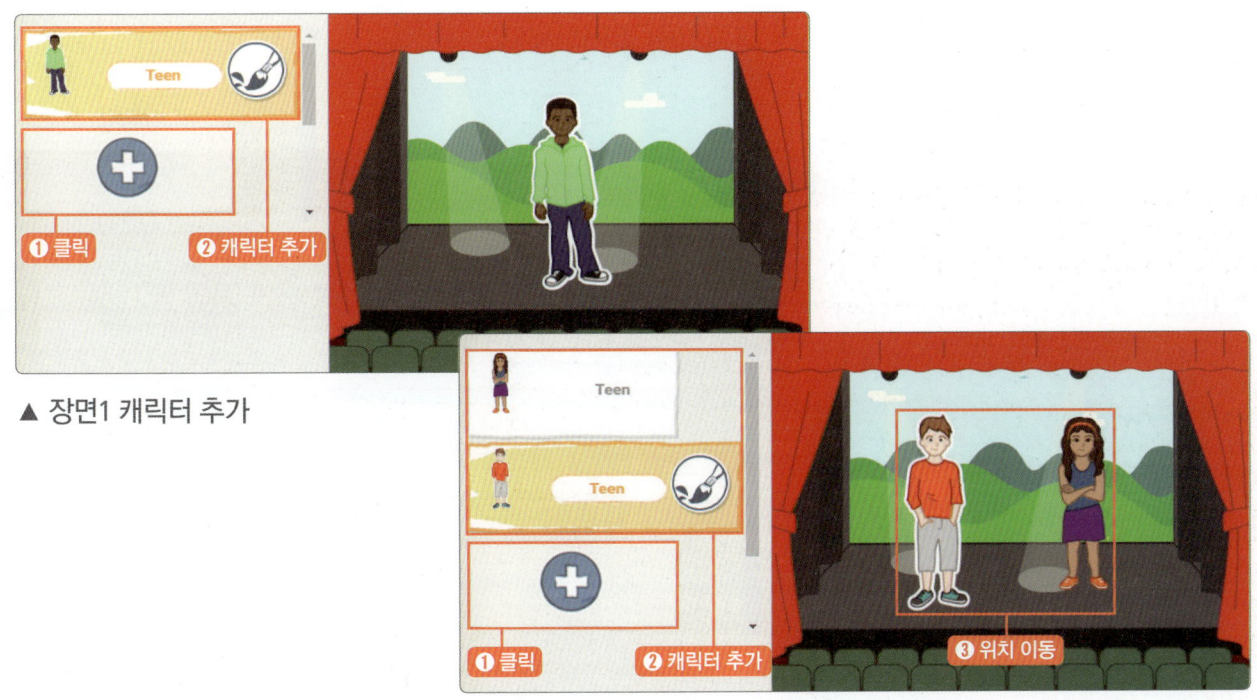

▲ 장면1 캐릭터 추가

▲ 장면2 캐릭터 추가

02 장면1 코딩하기

❶ '장면1'을 선택한 후 이벤트 블록(), 모양 블록(), 제어 블록(), 동작 블록()을 이용하여 아래 그림처럼 코딩하세요.

코딩풀이 : 무대 위의 초록색 깃발을 클릭하면 크기를 줄인 후 오른쪽 → 왼쪽 → 왼쪽으로 이동을 2번 반복해요.

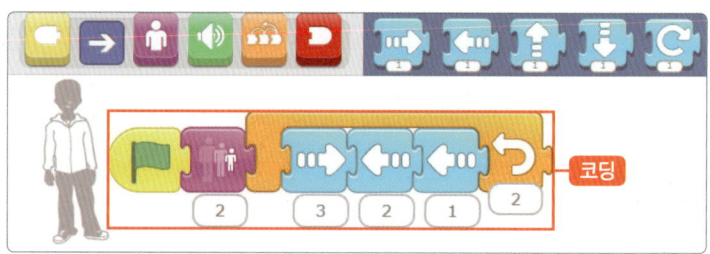

❷ 이어서, 제어 블록(), 동작 블록(), 모양 블록(), 소리 블록()을 이용하여 아래 그림처럼 코딩하세요.

코딩풀이 : 안쪽의 반복문을 2번 실행한 후 점프 → 크게 → 작게 → 소리를 낸 후 다시 안쪽의 반복문을 2번 실행한 후 점프 → 크게 → 작게 → 소리를 내요.

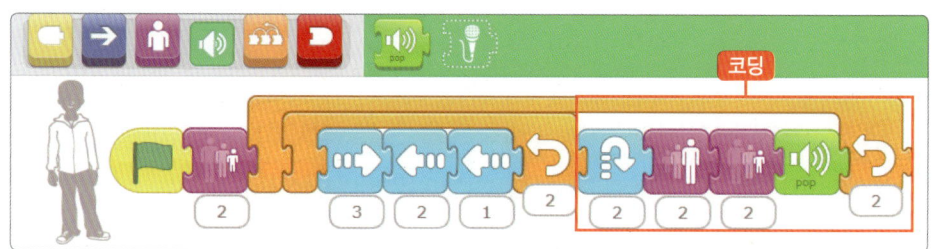

❸ 종료 블록()을 이용하여 아래 그림처럼 코딩하세요.

코딩풀이 : 바깥쪽 반복문 실행(2번)이 끝나면 다음 장면으로 전환돼요.

03 장면2 코딩하기

① '장면2'의 '여자 아이(Teen)' 캐릭터를 선택한 후 이벤트 블록(🟡), 동작 블록(➡️), 종료 블록(🟥)을 이용하여 아래 그림처럼 코딩하세요.

코딩풀이 : '장면2'로 전환되면 여자 아이(Teen)가 좌우로 움직이고 점프를 하면서 계속 춤을 춰요.

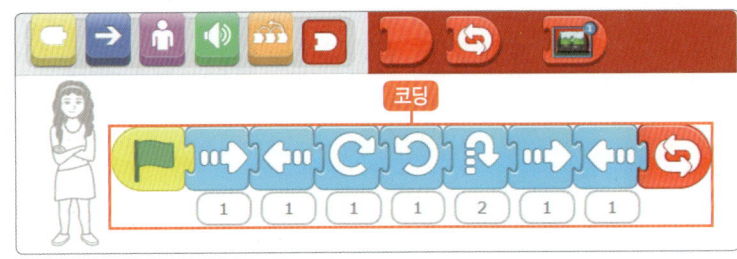

② 블록 코딩 영역에서 🚩 명령블록 부분을 클릭한 채 캐릭터 목록의 '**남자 아이(Teen)**' 쪽으로 드래그하여 명령블록을 복사하세요.

③ '남자 아이(Teen)' 캐릭터를 클릭하여 복사된 명령 블록을 확인하세요.

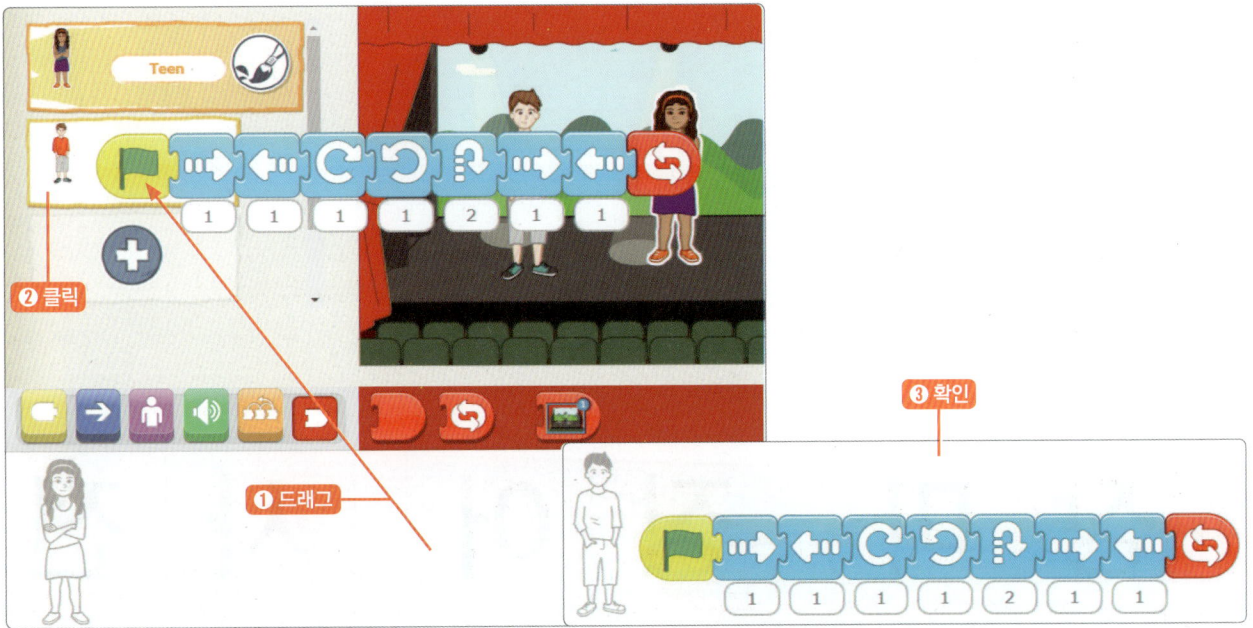

④ 코딩 작업이 끝나면 **장면1을 선택**한 후 무대 위의 초록색 깃발(🚩)을 클릭하여 코딩 내용을 확인해 보세요.

※ 무한 반복 실행을 멈추기 위해서는 무대 위의 빨간색 단추(🛑)를 클릭하세요.

어린이 코딩 22일차

손으로 배우는 어린이 코딩

01 단어 맞추기 게임

– 준비물 : 가위   – 인원 : 혼자

단어 맞추기 게임은 가로 5줄, 세로 5줄로 된 종이를 접어서 제시된 단어를 맞추거나, 새로운 단어를 찾는 게임이에요. 단어 맞추기 게임을 하기 위해서는 먼저 뒤쪽 [부록 CHAPTER 22]의 단어 맞추기를 가위로 오리세요. 이어서, 가로와 세로 선에 맞추어 한 번씩 접어주세요.

※ 주의 : [부록 CHAPTER 22]는 손으로 뜯을 수 없기 때문에 안쪽의 점선에 맞추어 가위로 오려서 사용하세요.

똑같은 단어 맞추기 게임

1. 교재에 제시된 단어를 확인하세요.
2. 똑같은 단어가 나오도록 종이를 접어보세요.
3. 교재에 없는 새로운 단어를 찾아서 적어보세요.
   - 예 : 나이, 우유, 대구, 부하, 모공, 이마, 우대, 우정 등

장 마 장 어 사 전
전   이
부   사

종이를 접어 단어를 맞추는 방법

단어 맞추기 주의 사항!!
글자가 뒤집어진 경우에는 정상적인 단어가 아니기 때문에 다시 종이를 접어서 찾아보세요.

02 그림에 맞는 색상을 연결해 보세요.

– 준비물 : 연필

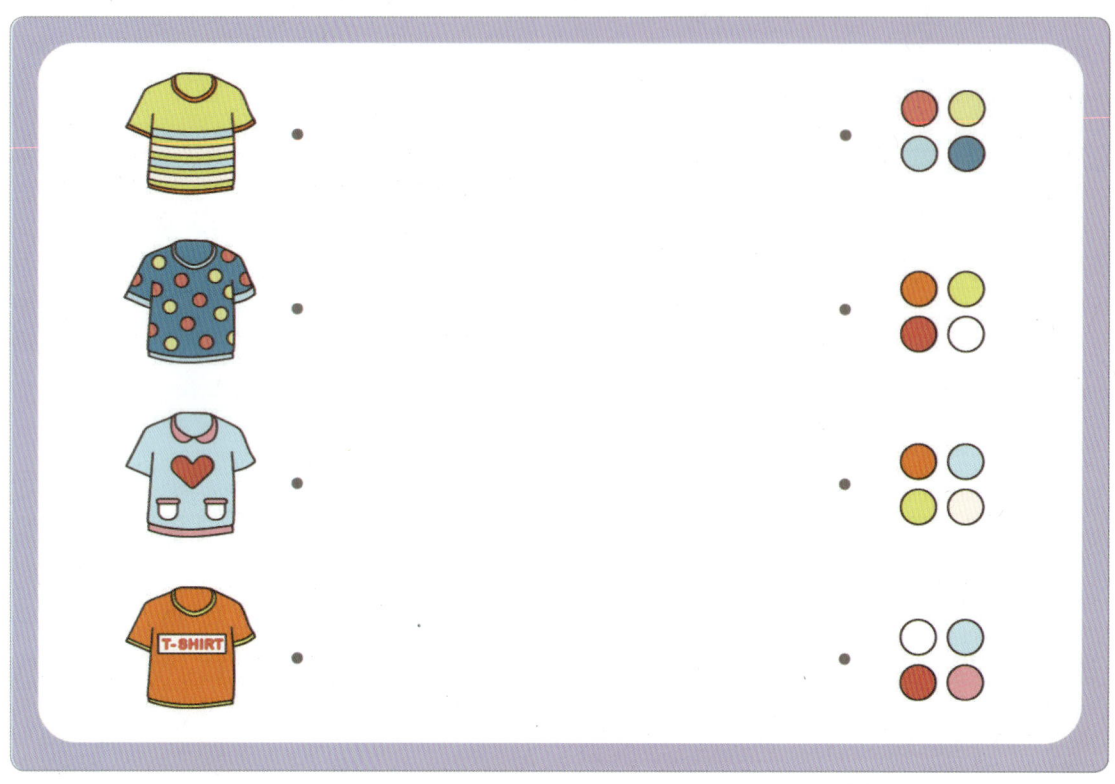

스크래치 주니어로 블록 코딩하기

01 새로운 장면, 배경 및 캐릭터 추가하기

❶ 스크래치 주니어를 실행한 후 **장면 2개(총 3개)를 추가**하세요. 이어서, 아래 그림과 같은 배경을 추가하세요.

※ 장면1, 3 배경 : Arctic, 장면2 배경 : Underwater

❷ '장면1', '장면2', '장면3'의 'Tic' 캐릭터를 모두 삭제하세요. 이어서, 모든 장면에 아래 그림처럼 **'Penguin' 캐릭터를 추가한 후 위치를 이동**시키세요.

▲ 장면1 캐릭터 추가 후 위치 이동

▲ 장면2 캐릭터 추가 후 위치 이동

▲ 장면3 캐릭터 추가 후 위치 이동

어린이 코딩 22일차 **135**

02 장면1 코딩하기

❶ '장면1'을 선택한 후 **이벤트 블록( )**, **모양 블록( )**, **동작 블록( )**을 이용하여 아래 그림처럼 코딩하세요.

※ 말하기 내용은 '오랜만에 다이빙 좀 해볼까?'로 입력하세요.

❷ 이어서, **이벤트 블록( )**, **동작 블록( )**, **종료 블록( )**을 이용하여 아래 그림처럼 코딩하세요.

코딩풀이 : 무대 위의 초록색 깃발을 클릭하면 말을 한 후 오른쪽으로 이동해요. 이동하는 도중에 'Penguin'을 클릭하면 점프를 하여 위에서 아래로 다이빙을 한 후 '장면2'로 전환돼요.

03 장면2 코딩하기

❶ '장면2'를 선택한 후 **이벤트 블록( )**, **동작 블록( )**, **종료 블록( )**을 이용하여 아래 그림처럼 코딩하세요.

코딩풀이 : 장면2로 전환되면 'Penguin'이 5시 방향으로 회전하여 아래쪽으로 이동한 후 위쪽으로 올라와 '장면3'으로 전환돼요.

❷ 이어서, **이벤트 블록**( )**과 동작 블록**( )을 이용하여 아래 그림처럼 코딩하세요.

> **코딩풀이** : 무대 위의 초록색 깃발을 클릭하면 회전 후 아래쪽으로 10만큼 이동하면서 동시에 오른쪽으로 11만큼 이동하기 때문에 오른쪽 대각선 방향으로 이동해요.

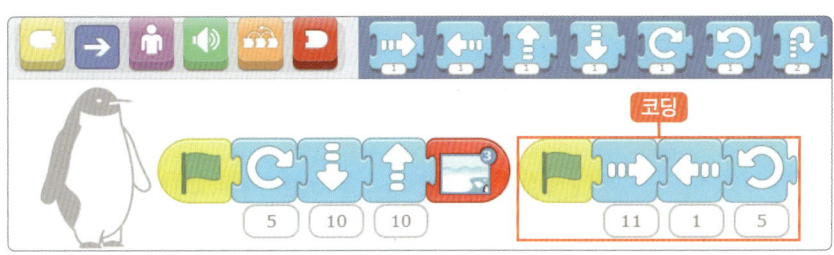

04 장면3 코딩하기

❶ '장면3'을 선택한 후 **이벤트 블록**( )**과 동작 블록**( )을 이용하여 아래 그림처럼 코딩하세요.

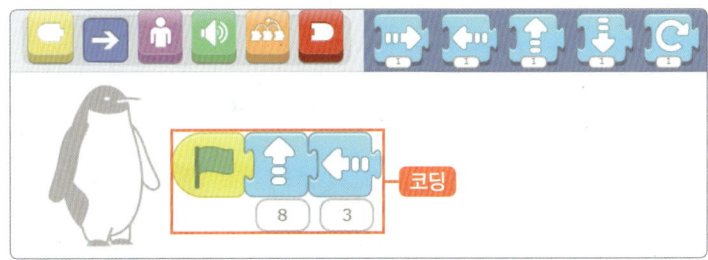

❷ 이어서, **이벤트 블록**( ), **동작 블록**( ), **모양 블록**( )을 이용하여 아래 그림처럼 코딩하세요.

  ※ 말하기 내용은 '내 다이빙 실력은 100점!'으로 입력하세요.

> **코딩풀이** : 장면3으로 전환되면 'Penguin'이 왼쪽 대각선 방향으로 점프를 하고 착지를 한 후 말을 해요.

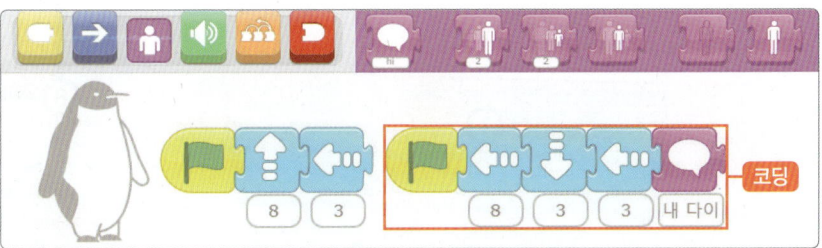

❸ 코딩 작업이 끝나면 '**장면1**'**을 선택**한 후 무대 위의 초록색 깃발( )을 클릭하여 코딩 내용을 확인해 보세요.

  ※ 오른쪽으로 이동하는 펭귄(Penguin)을 마우스로 클릭해야만 결과를 확인할 수 있어요.

손으로 배우는 어린이 코딩

01 이미지에 맞는 조각을 찾아서 번호를 적어보세요.

– 준비물 : 연필

02 스도쿠 규칙에 맞추어 아래 2개의 스도쿠를 풀어보세요.

– 준비물 : 연필

		9	4			1		8
	1			2				
3				6	8			2
		3		5	7			
		2	3				5	
		8				4		
9						6	7	
	4		5		6	3	1	9
6	3			4	9			

	1	6			9		2	
				3			5	9
2	3			6		1		4
7		2	3	8			1	
						6		4
			9	7	5			
4		5	8			7	6	
	8	7		2	3			
		1					8	2

03 오른쪽 이미지에 맞는 영어 단어를 찾아서 색칠해 보세요.

- 준비물 : 색연필

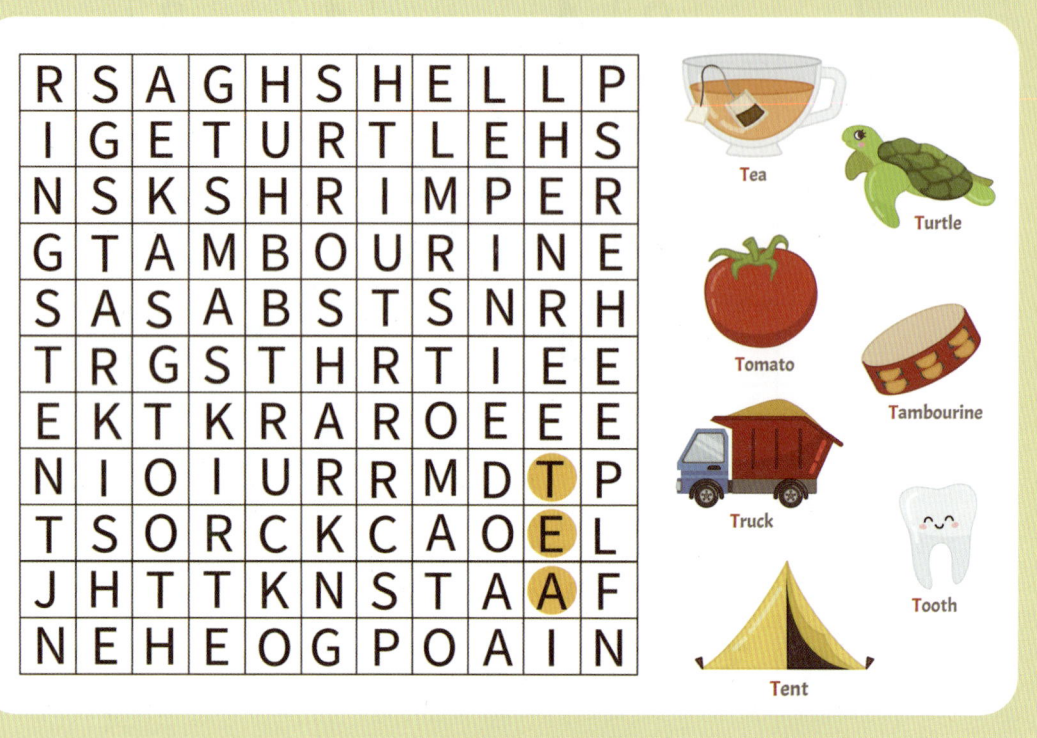

스크래치 주니어로 블록 코딩하기

01 새로운 장면, 배경 및 캐릭터 추가하기

❶ 스크래치 주니어를 실행한 후 아래 그림과 같은 배경(Jungle)을 추가하세요.

❷ 'Tic' 캐릭터를 삭제한 후 아래 그림과 같은 캐릭터들을 추가하여 이름을 변경하고 위치를 이동시키세요.

※ 캐릭터 추가 및 이름 변경 : Fly(파리), Bat(박쥐), Snake(뱀), Butterfly(나비)

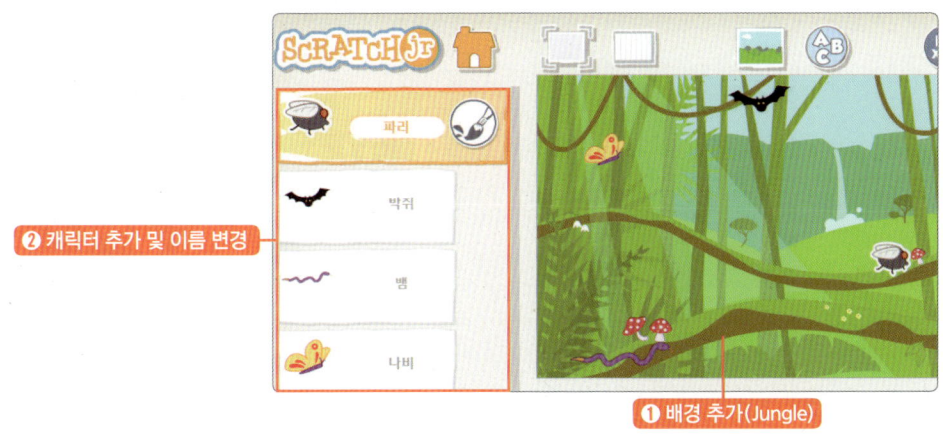

02 파리 코딩하기

❶ '파리' 캐릭터를 **선택**하여 아래 그림처럼 코딩한 후 코딩 풀이를 적어보세요.

코딩 풀이 적어보기 :

❷ 이어서, 추가적으로 아래 그림처럼 코딩을 한 후 코딩 풀이를 적어보세요.

코딩 풀이 적어보기 :

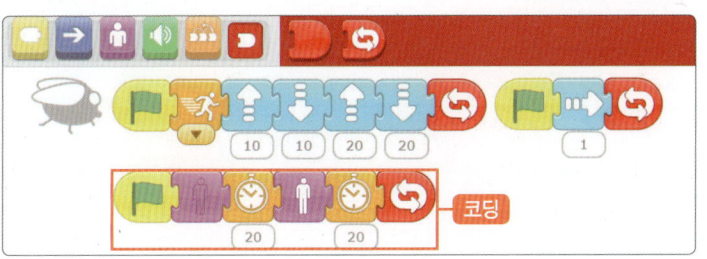

03 명령블록을 복사한 후 박쥐 코딩하기

❶ '파리' 캐릭터에서 코딩했던 명령블록을 마우스로 드래그하여 '**박쥐**', '**뱀**', '**나비**' 캐릭터로 각각 복사하세요.

※ 명령블록 부분을 클릭한 채 드래그해야 복사할 수 있어요.

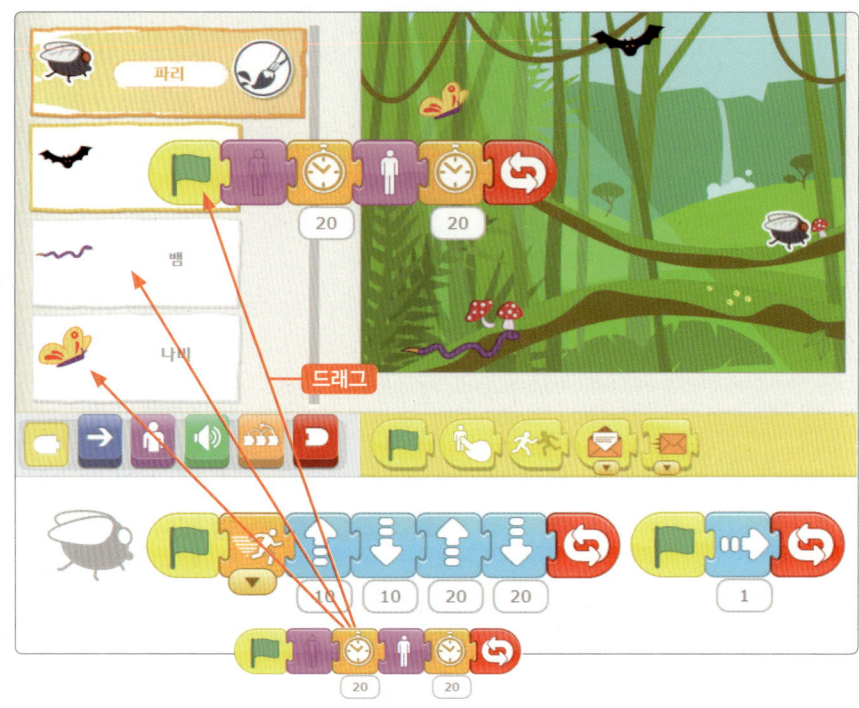

❷ '**박쥐' 캐릭터를 선택**하여 복사된 명령블록을 확인한 후 기다리기 시간을 '20'에서 '10'으로 수정하세요.

❸ 이어서, 추가적으로 아래 그림처럼 코딩을 한 후 코딩 풀이를 적어보세요.

코딩 풀이 적어보기 :

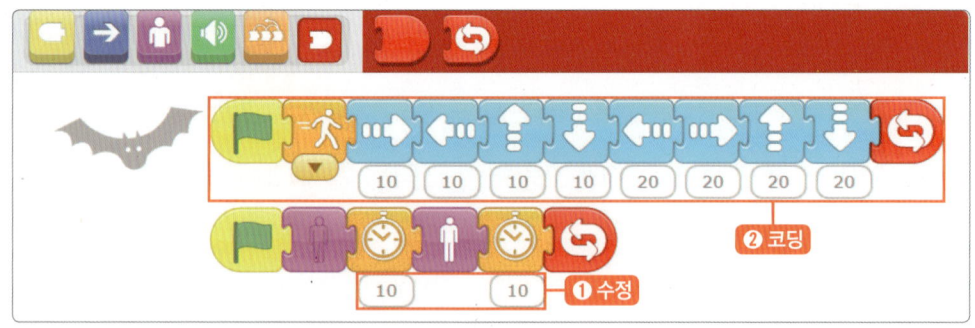

04 뱀과 나비 코딩하기

❶ '**뱀' 캐릭터를 선택**하여 복사된 명령블록을 확인한 후 기다리기 시간을 '20'에서 '10'으로 수정하세요. 이어서, 추가적으로 아래 그림처럼 코딩하세요.

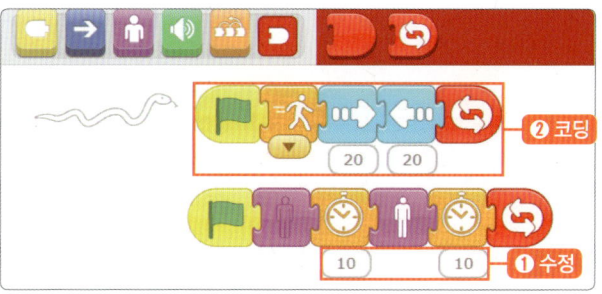

❷ '**나비' 캐릭터를 선택**하여 복사된 명령블록을 확인한 후 추가적으로 아래 그림처럼 코딩하세요.

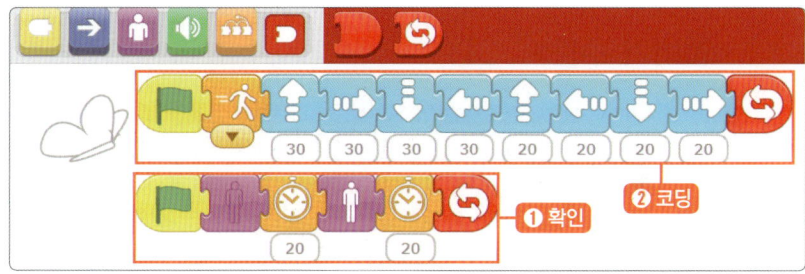

❸ 코딩 작업이 끝나면 무대 위의 초록색 깃발(🚩)을 클릭하여 코딩 내용을 확인해 보세요.

 무대의 캐릭터를 멈추게 하기

① 무대에 보이는 '파리, 박쥐, 뱀, 나비'를 마우스로 클릭했을 때 해당 캐릭터의 코딩이 더이상 실행되지 않고 멈추도록 코딩을 추가해 보세요.

② '파리' 캐릭터에 코딩을 추가한 후 '박쥐, 뱀, 나비' 캐릭터에 명령블록을 복사하세요.

※ 힌트 : '이벤트 블록(🟡)'과 '제어 블록(🟠)'을 사용해요.

CHAPTER 24 어린이 코딩 24일차

손으로 배우는 어린이 코딩

01 손님이 주문한 햄버거 세트를 만들어 보세요.

- 준비물 : 연필

<햄버거 주문>

점원 : 아소 햄버거 가게에 오신걸 환영합니다. 어떤 햄버거를 드릴까요?
손님 : 불고기 버거 세트로 주세요. 치즈 1장을 추가해 주세요.
점원 : 음료수는 콜라와 사이다 둘 중에 어떤 걸로 드릴까요?
손님 : 콜라로 주세요.
점원 : 매장에서 드시고 가시나요?
손님 : 아니요. 포장입니다.

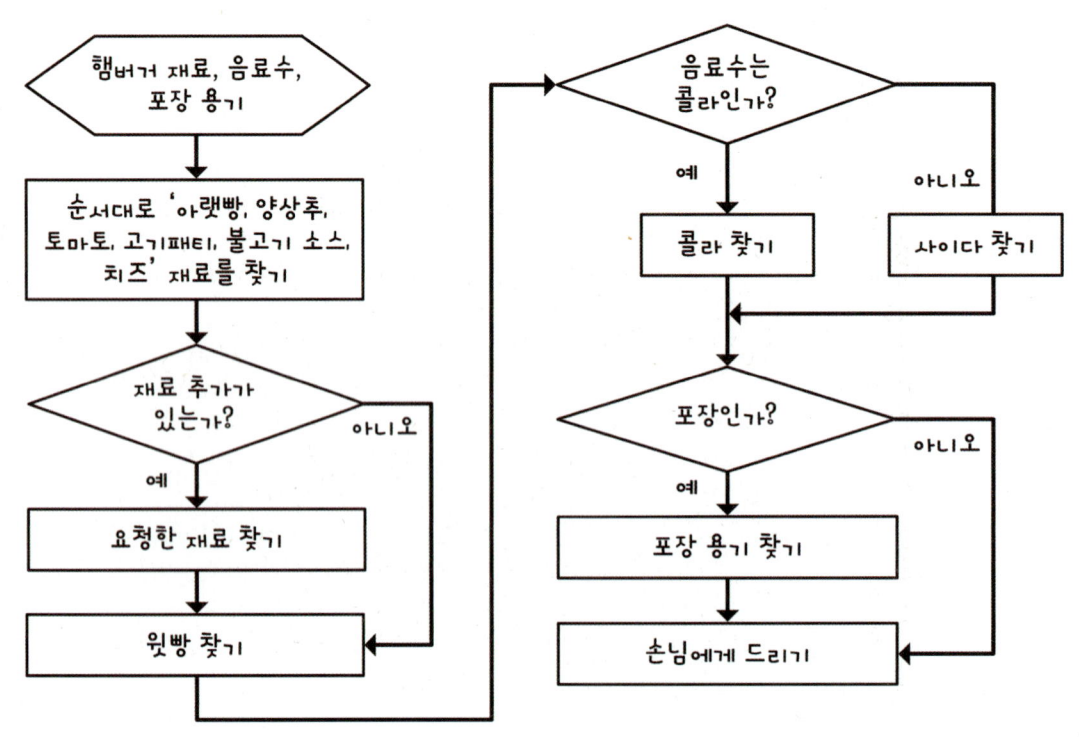

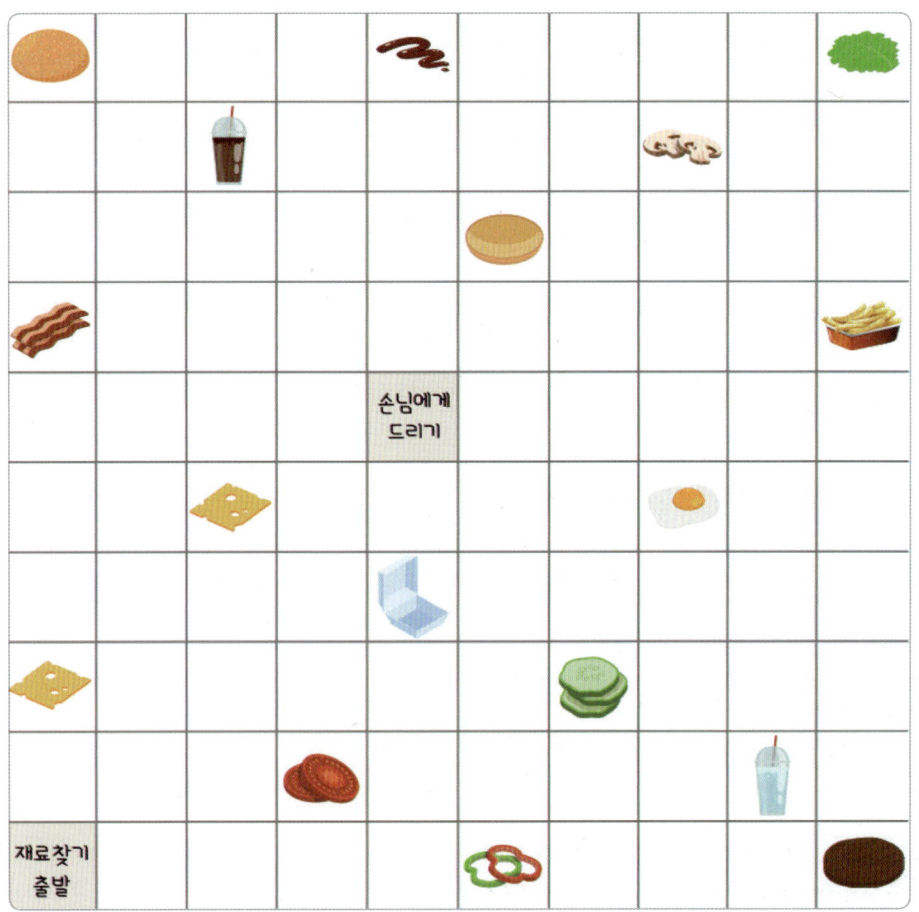

햄버거를 만드는 방법은 손님이 주문한 내용과 순서도를 참고하여 필요한 재료들만 순서대로 하나씩 찾아서 이동 방향을 적어 보세요. 단, 특정 재료를 찾은 후 다음 재료를 찾을 때는 재료를 찾은 현재 위치를 기준으로 다음 재료를 찾을 위치의 이동 방향을 적으면 돼요.

① 아랫빵 찾기 : → (1) ↑↑↑↑↑↑↑ (7) → → → → (4)
② 양상추 찾기 : ↑↑ (2) → → → → (4)
③
④
⑤
⑥
⑦
⑧
⑨
⑩
⑪

※ 햄버거 재료를 찾는 방법(이동 방향)은 여러 가지가 있을 수 있기 때문에 교재와 다를 수 있어요.

02 베이컨 에그 버거 재료 찾기

– 준비물 : 연필

스크래치 주니어 다음 과정으로 배우게 될 '엔트리' 또는 '스크래치3.0'은 X-Y 좌표 값이 음수와 양수로 구분되어 있어요. 이전 차시에서 'X-Y 좌표 땅따먹기'로 이미 학습을 했기 때문에 좌표의 개념은 알고 있을 거라 생각해요. 아래 표에서 베이컨 에그 버거를 만들기 위한 재료들의 X-Y 좌표 값을 찾아서 적어보세요.

❶ 아랫빵		❻ 베이컨	
❷ 양상추		❼ 소스	
❸ 치즈		❽ 계란	
❹ 토마토		❾ 윗빵	
❺ 버섯		❿ 콜라	

스크래치 주니어로 블록 코딩하기

01 새로운 장면, 배경 및 캐릭터 추가하기

❶ 스크래치 주니어를 실행한 후 아래 그림과 같은 배경(Empty Room)을 추가하세요.

❷ 'Tic' 캐릭터를 삭제한 후 아래 그림과 같은 캐릭터를 추가하여 이름을 변경하고 위치를 이동시키세요.

※ 캐릭터 추가 및 이름 변경 : Child(빨간티), Child(보라티), Child(노란티), Child(파란티)

❸ **장면(장면2)을 추가**한 후 배경(Spring)을 넣으세요.

❹ 'Tic' 캐릭터를 삭제한 후 아래 그림과 같은 캐릭터를 추가하여 이름을 변경하고 위치를 이동시키세요.

※ 캐릭터 추가 및 이름 변경 : Dog(멍멍이), Butterfly(나비), Frog(개구리), Pig(꿀꿀이)

02 장면1 코딩하기

❶ '장면1'의 '빨간티' 캐릭터를 **선택**하여 아래 그림처럼 코딩한 후 코딩 풀이를 적어보세요.

  ※ 말하기 내용은 '쿵쿵따 게임 시작!'과 '선풍기 쿵쿵따!'로 입력하세요.

  코딩 풀이 적어보기 :

❷ '보라티' 캐릭터를 **선택**하여 아래 그림처럼 코딩한 후 코딩 풀이를 적어보세요.

  ※ 말하기 내용은 '기'자로 시작하는 단어를 입력하세요.(예 : '기상')

  코딩 풀이 적어보기 :

❸ '보라티' 캐릭터에서 코딩했던 명령블록을 마우스로 드래그하여 **'노란티'**와 **'파란티' 캐릭터로 복사**하세요.

❹ '노란티' 캐릭터를 **선택**하여 메시지 받기와 보내기 색상을 변경한 후 말하기 내용을 수정하세요.

  ※ 말하기 내용은 '보라티'가 말했던 단어를 이어서 입력하세요.

❺ **'파란티' 캐릭터를 선택**하여 메시지 받기 색상과 말하기 내용을 변경한 후 **장면2 전환으로 수정**하세요.

※ 말하기 내용은 '노란티'가 말했던 단어를 이어서 입력하세요.

03 장면2 코딩하기

❶ **'장면2'의 '멍멍이' 캐릭터를 선택**한 후 아래 그림처럼 코딩하세요.

※ 말하기 내용은 '장면1'에서 '파란티'가 말했던 단어와 해당 동물을 보면 생각나는 소리로 이어서 입력하세요.
(예 : '사고' 멍멍멍!)

❷ **'나비' 캐릭터를 선택**한 후 아래 그림처럼 코딩하세요.

※ 말하기 내용은 '멍멍이'가 말했던 단어와 해당 곤충을 보면 생각나는 단어로 입력하세요.

❸ '나비' 캐릭터에서 코딩했던 [블록] 명령블록을 마우스로 드래그하여 **'개구리'와 '꿀꿀이' 캐릭터로 복사**하세요.

❹ **'개구리'와 '꿀꿀이' 캐릭터를 선택**하여 메시지 받기와 보내기 색상을 변경한 후 말하기 내용을 수정하세요.

❺ 코딩 작업이 끝나면 **'장면1'을 선택**한 후 무대 위의 초록색 깃발(🏁)을 클릭하여 코딩 내용을 확인해 보세요.

※ 장면(장면은 최대 4개까지 추가 가능)을 추가하여 끝말잇기 게임을 이어서 만들어 보세요.

MEMO

CHAPTER 22

★★★ 가위로 오려진 종이의 모서리는 날카롭기 때문에 주의하세요!!

어	나	마	장	이
지	우	소	유	정
화	대	무	구	버
전	공	방	모	사
부	아	하	수	주

이	장	마	나	어
정	유	소	우	지
버	구	무	대	화
사	모	방	공	전
주	수	하	아	부

CHAPTER 03/16

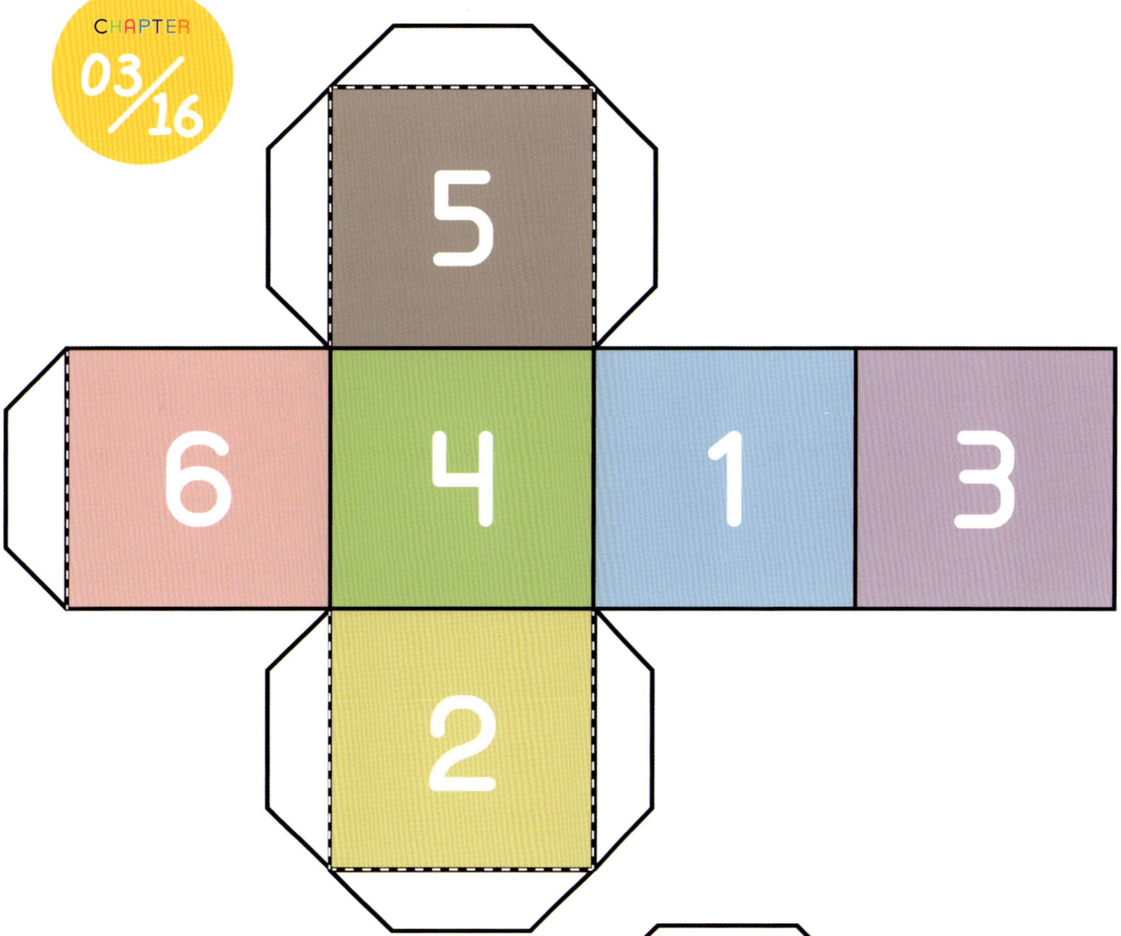

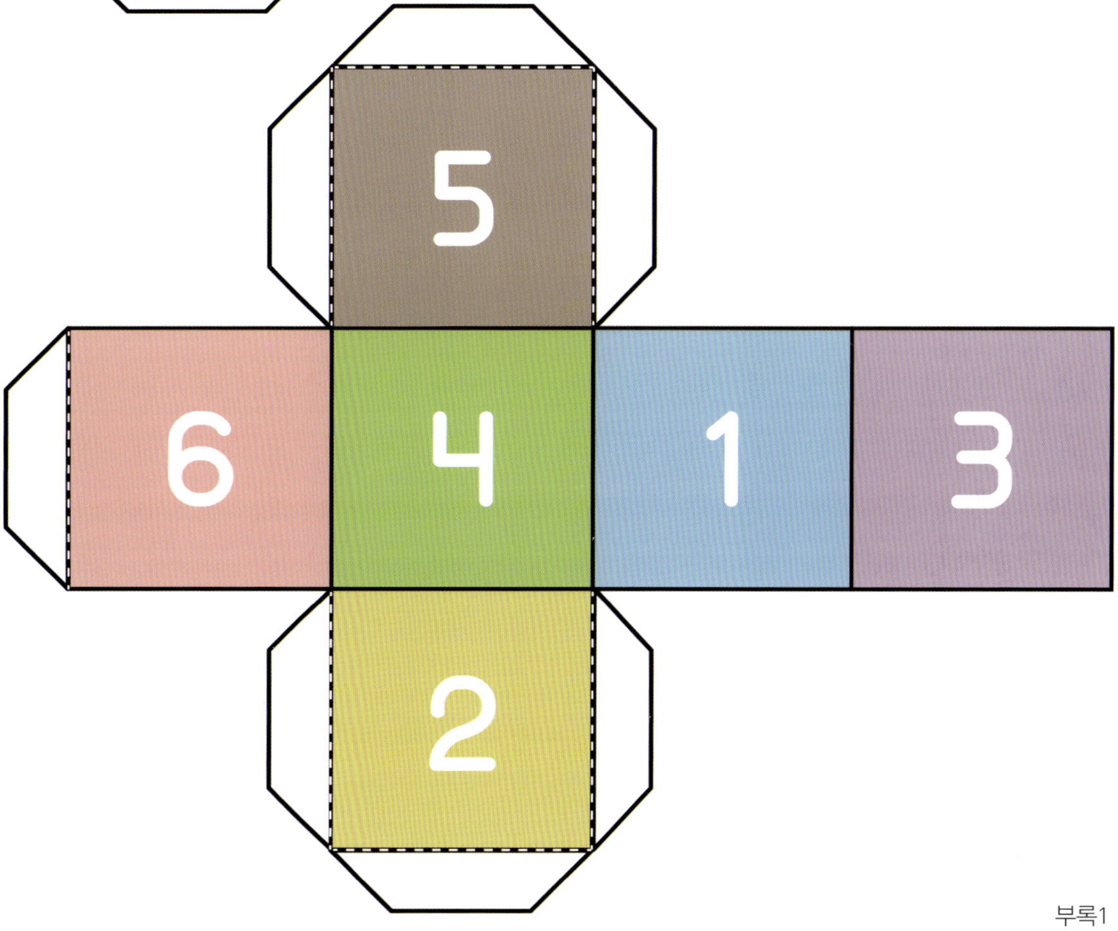

★★★ 가위로 오려진 종이의 모서리는 날카롭기 때문에 주의하세요!!

부록1

CHAPTER 04

★★★ 가위로 오려진 종이의 모서리는 날카롭기 때문에 주의하세요!!

부록2

★★★ 가위로 오려진 종이의 모서리는 날카롭기 때문에 주의하세요!!

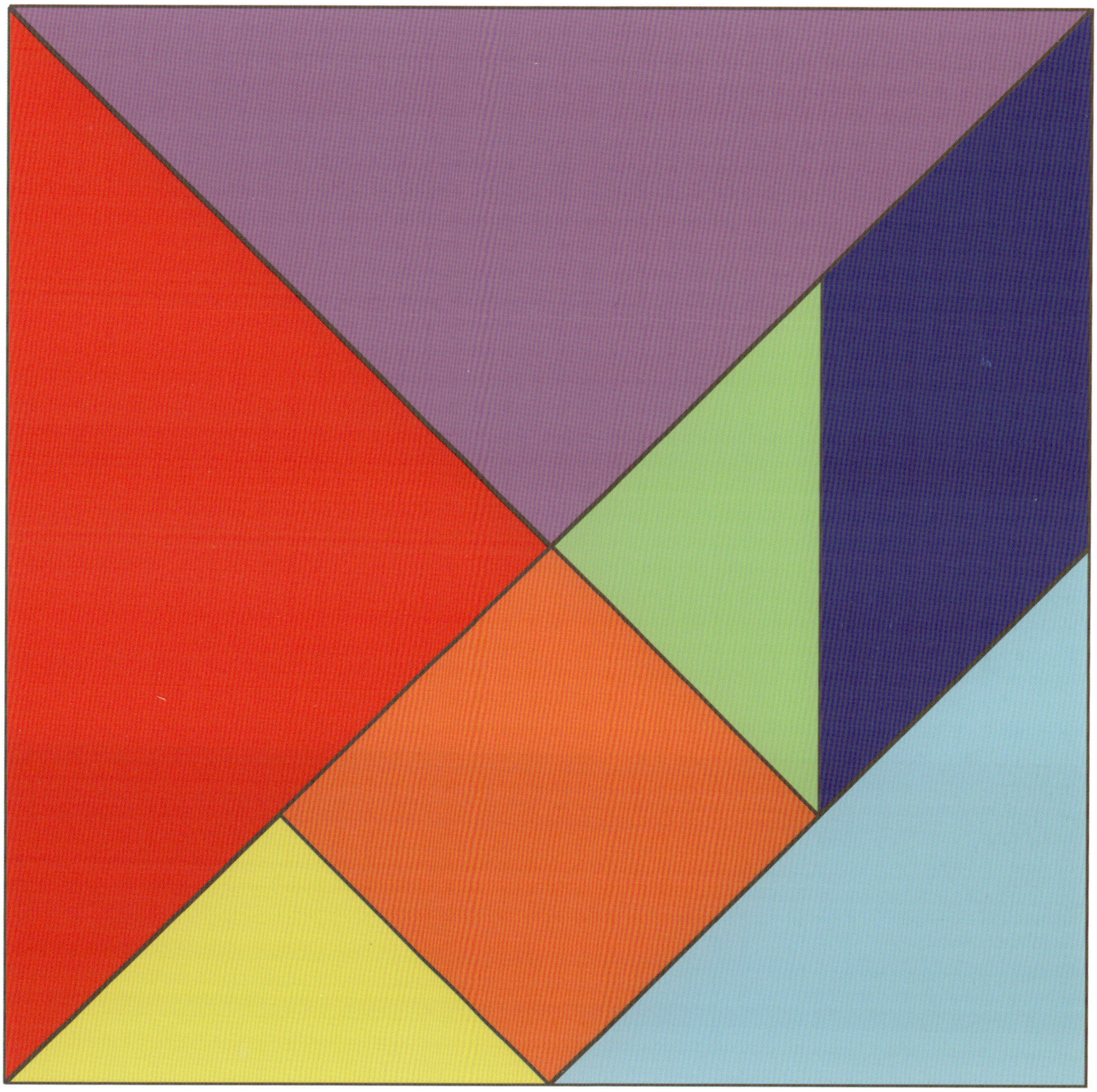

부록3

CHAPTER 10

★★★ 가위로 오려진 종이의 모서리는 날카롭기 때문에 주의하세요!!

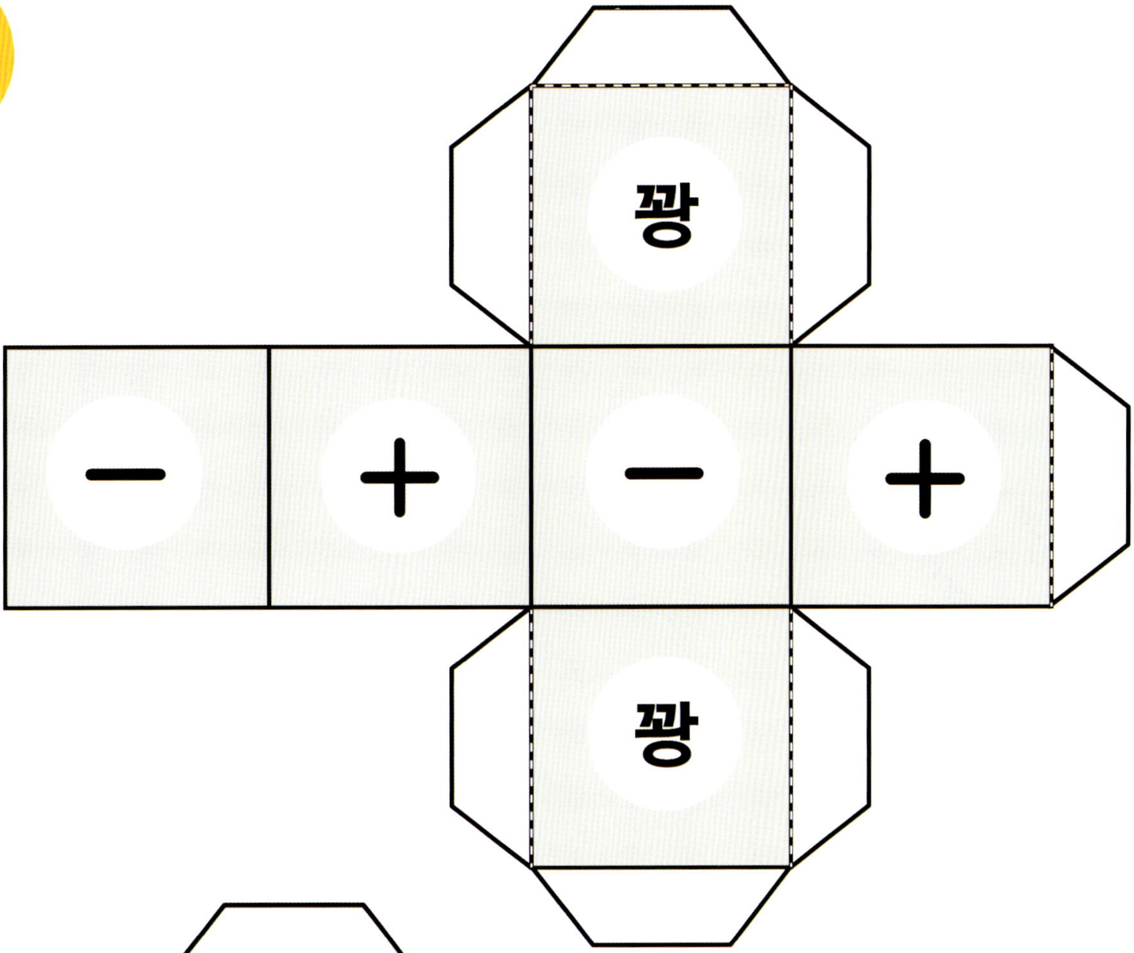

꽝

− + − +

꽝

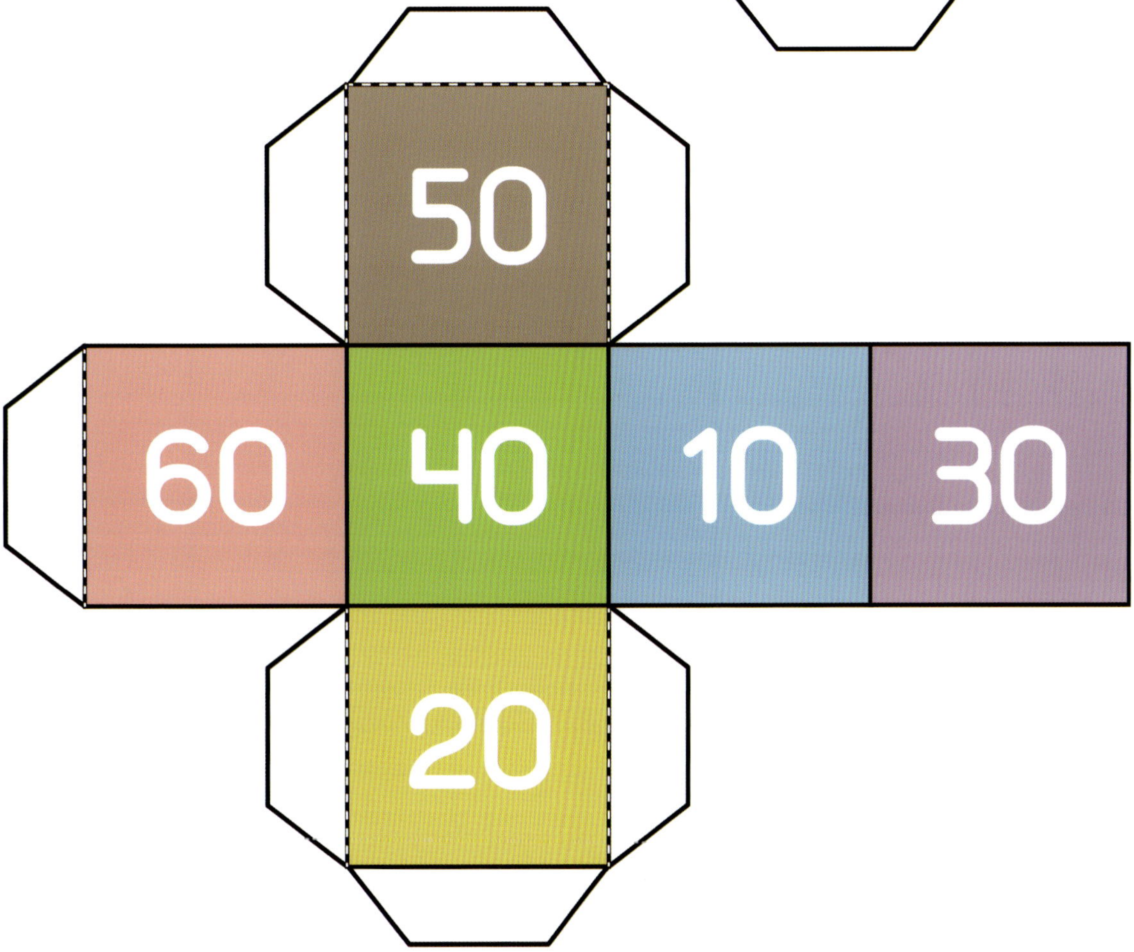

50

60 40 10 30

20

부록4

CHAPTER 12

★★★ 가위로 오려진 종이의 모서리는 날카롭기 때문에 주의하세요!!

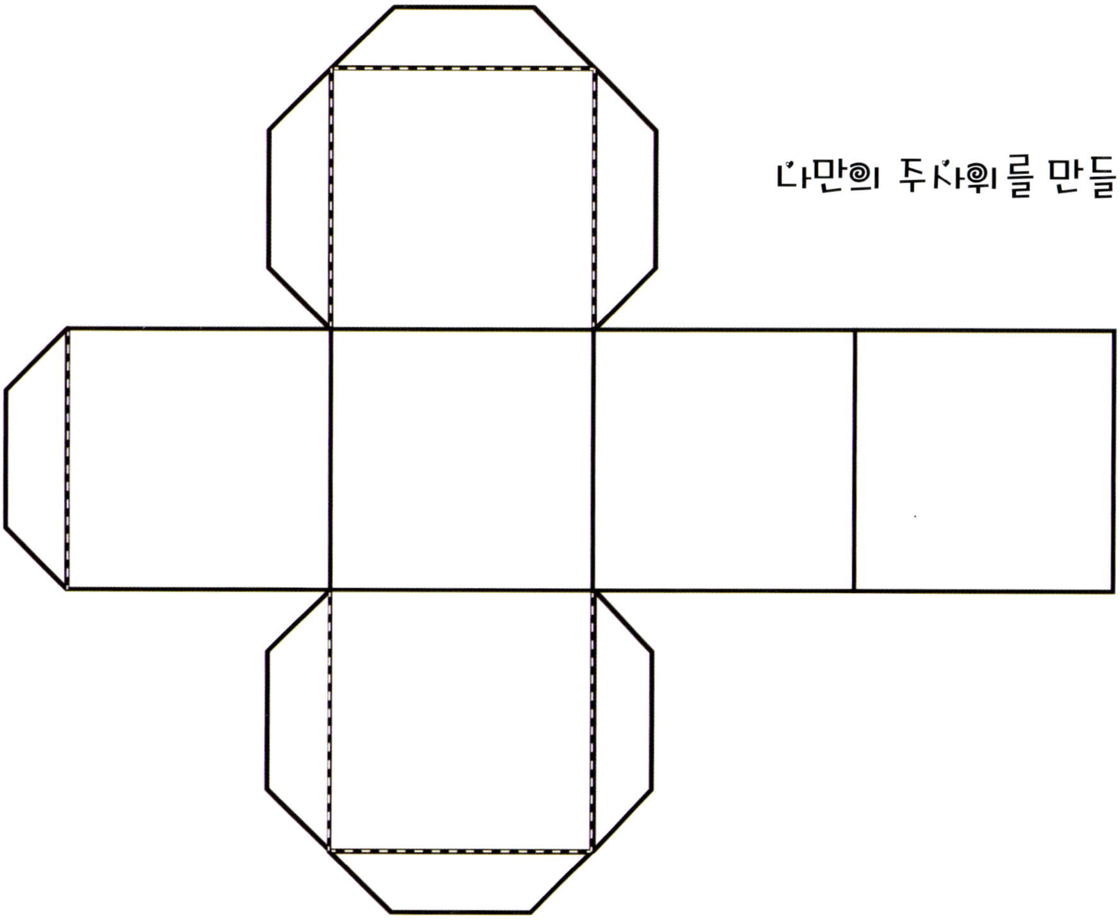

나만의 주사위를 만들어 보세요~

부록5

★★★ 가위로 오려진 종이의 모서리는 날카롭기 때문에 주의하세요!!

CHAPTER 21

★★★ 가위로 오려진 종이의 모서리는 날카롭기 때문에 주의하세요!!

부록8